미속습유美俗拾遺

미속습유美俗拾遺

2018년 6월 27일 초판 2쇄 발행
2020년 6월 8일 초판 3쇄 발행

옮긴이·한철호 | 발행처·국외소재문화재재단
펴낸이·국외소재문화재재단
펴낸곳·도서출판 푸른역사
주소·우) 03044 서울시 종로구 자하문 8길 13
전화·02) 720－8921(편집부) 02) 720－8920(영업부) | 팩스·02) 720－9887
전자우편: 2013history@naver.com | 등록: 1997년 2월 14일 제13－483호

ISBN 979－11－5612－112－1   93900

·잘못 만들어진 책은 교환해드립니다.

미속습유
美俗拾遺
·
박정양
朴定陽

한철호 옮김

국외소재문화재재단
Overseas Korean Cultural Heritage Foundation

일러두기

1. 번역은 한국학문헌연구소 편, 《박정양전집》 6(아세아문화사, 1984)에 수록된 것을 대본으로 삼았다. 《미속습유》 원본은 문화재보존과학센터에서 보존 처리를 마쳤다.

2. 번역은 직역에 역점을 두었다.

3. 원문의 내용을 이해하는 데 필요하다고 판단되는 부분은 원문에 없는 내용을 일부 보충하여 번역하였는데, 이 부분은 〈 〉 안에 적어 두었다.

4. 원본의 훼손된 글자는 ▨로, 결락된 글자는 □로 표시하였다.

5. 훼손이나 결락으로 인해 번역에 문제가 되는 부분은 각주를 달았다.

6. 훼손이나 결락된 글자를 확실하게 추정할 수 있는 것은 각주를 달고 번역하였다.

7. 한자어를 그대로 쓰기보다는 되도록 풀어쓰는 방향으로 정리하였다. 단, 한자를 병기하지 않으면 오해하기 쉬운 어휘에는 한자를 병기하였다.

8. 인명과 지명은 현재 인명·지명(원문(한자), 영문 표기)으로 정리하였다. 단, 저자가 작은 글씨로 달아 놓은 주석 성격의 원주가 있는 경우 【 】 안에 넣고, 원주의 위치는 '현재 인명(원문(한자), 영문 표기)' 다음에 두었다. 또 한자음 가운데 두음법칙을 무시해야 하는 경우에는 본음을 살려 썼다.

9. 각종 단위에 관해서는 한자음보다는 되도록 우리말 단위로 바꾸어 표기하였다.

발간사

올해는 조선 왕조의 초대 주미전권공사 박정양朴定陽(1841~1905)이 미국 워싱턴 D.C.에 도착해 공사관을 개설한(1888) 지 꼭 130주년 되는 해이다. 때마침 미국 워싱턴 D.C.에 위치한 주미대한제국공사관(이하 공사관) 건물도 문화재청과 국외소재문화재재단(이하 재단)의 노력으로 원형 복원 및 리모델링 공사를 무사히 마치고 일반 공개를 앞두고 있다.

재단은 공사관 복원 공사를 준비하던 지난 2014년 《한미우호의 요람, 주미대한제국공사관》(자료 도록)과 《미행일기美行日記》(번역서)를 각각 발간하였다. 이어 올해는 《미속습유美俗拾遺》(번역서)까지 추가로 발간하게 되었다.

이처럼 재단이 공사관 복원 공사를 준비하는 과정에서 자료 도록과 번역서를 발간하게 된 것은 공사관 원형 복원의 근거 자료 수집과 관련이 깊다. 원형에 충실한 복원을 위해 부족한 자료를 찾고 정리하다보니 이 자료들을 접하게 되었고, 번역서 발간의 필요성도 느끼게 되었기 때문이다.

주지하다시피, 초대 주미전권공사 박정양이 저술한 문집《죽천고竹泉稿》(25권 18책)에는《해상일기초海上日記草》,《박정양서한朴定陽書翰》,《종환일기從宦日記》,《미행일기》,《미속습유》등이 함께 수록되어 있다. 특히 이 기록물들은 초대 주미공사 일행의 행적은 물론, 현지 공사관 설치의 구체적 배경과 상황 등을 파악하는 데 귀중한 자료로 평가받고 있다.

그 저술 중에는 박정양이 청국으로부터 공사 파견을 허락받은 1887년 11월부터 귀국하여 고종에게 복명한 1889년 9월까지 미국 현지에서 '자주외교'를 위한 활동과 내용 등을 상세하게 기록한 《미행일기》가 있다. 이와 함께 당시 중국, 일본, 미국 등에서 입수한 미국 관련 자료들을 바탕으로 19세기 미국의 지리와 역사, 각종 근대적 제도와 문물을 상세히 소개한《미속습유》가 포함되어 있어 주목된다.

특히《미속습유》의 경우, 유길준의《서유견문西遊見聞》보다 1년 앞선 1888년에 탈고한 기록을 확인할 수 있어, 우리나라 최초의 '서양견문록'이라는 점에서 그 역사적 가치와 의의도 크다. 박정양은 초대 주미전권공사로 재직하던 중 세계적인 강대국으로 성장하고 있

미속습유 美俗拾遺

던 미국의 구체적인 실상과 면모를 살피기 위해 보고서 형식의 견문기 《미속습유》를 남겼다. 이를 통해 조선의 개화와 자강책을 함께 모색했던 것으로 보인다.

이 책은 총 90개 항, 44개 항목으로 구성되어 있으며, 이 항목을 크게 분류하면 첫째, 미국의 지리와 역사, 둘째, 미국 정부기관의 체제와 사무, 셋째, 경제와 관련된 실정, 넷째, 풍속과 각종 사회·교육 시설, 그리고 근대적 문물 등을 상세한 근거를 들어 소개하고 있다.

재단은 《미속습유》 번역서를 출간하면서 일반 독자들도 쉽게 읽을 수 있도록 한자로 기록된 원문을 우리말로 옮기는 데 각별한 신경을 썼다. 상세한 해제와 함께 오해하기 쉬운 어휘는 한자를 병기하였으며, 번역문 뒤에 원문 전체를 실어 이에 관심이 있는 일반 독자들이 쉽게 확인하고 대조할 수 있도록 하였다.

그동안 박정양 문집 《죽천고》 원본은 박정양의 증손인 박찬수 교수(고려대학교 경영학과)가 소장해 왔으나, 보존·복원 처리 후 일반인들에게 자료로 소개할 수 있도록 2016년 초 재단에 기탁해 주었다. 이에 재단은 문화재보존과학센터의 도움으로 《죽천고》 원본을 보존·복원 처리 중에 있으며, 보존·복원 처리를 마친 《미속습유》는 복제와 번역서 발간 등을 통해 전시·학술 자료로 널리 쓰일 것으로 기대된다.

《미행일기》 번역(2014)에 이어 《미속습유》 번역에도 온 힘을 다해 준 한철호 교수(동국대학교 역사교육과)에게 이 지면을 통해 거듭 감사를 드린다. 아울러 이 번역서 출판의 기획 및 실무를 맡아 진행한

재단 협력지원팀 강임산 팀장, 남은실, 곽동구, 김희연 직원, 재단 미국사무소의 한종수 차장과 세련된 책자로 만들어준 도서출판 푸른역사에게도 두루 감사의 마음을 전한다.

2018년 4월
국외소재문화재재단 이사장
지건길

美俗拾遺
미속습유

| 박정양 朴定陽(1841~1905) |
1887년 8월 18일 박정양은 미국 워싱턴 D.C.에 상주할 전권공사로 임명되었다.
사진은 미국 도착 후 워싱턴 D.C. 인근 사진관에서 촬영했다.

_박찬수 소장

| 미국 대통령에게 국서를 전달하는 박정양 전권공사 일행 |
1888년 1월 17일 박정양 전권공사 일행은 백악관을 방문해 클리블랜드 대통령에게 고종의 국서를 전달했다.
맨 앞 국서가 담긴 함을 든 인물 뒤편의 인물이 박정양 전권공사로 보인다.
_하퍼스 위클리Haper's Weekly(Vol.32 No.1623) 삽화

| 미국에 도착한 박정양 전권공사 일행 |

'1888년 1월 30일 박정양 전권공사는 참찬관 이하 공사관원들과 하인들을 인솔하고 사진관에 가서
사진을 찍었다'(《미행일기美行日記》 1888. 1. 30.). 앞줄 왼쪽부터 이상재, 이완용, 박정양, 이하영, 이채연(공사관원).
뒷줄 왼쪽부터 김노미, 이헌용, 강진희, 이종하, 허용업(수행원).
_한국이민사박물관 소장

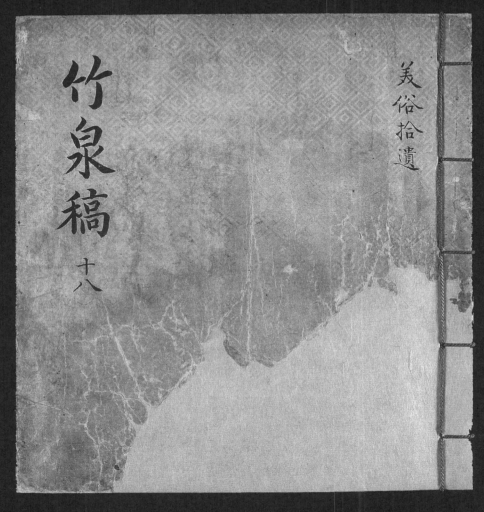

| 《미속습유美俗拾遺》 표지 |

박정양이 현직 전권공사의 입장에서 직접 보고 겪은 미국의 문물과 제도 등을
체계적으로 정리해 소개한 본격 미국 견문기라는 점에서 의의가 크다.

_박찬수 소장

| 《미속습유美俗拾遺》 내지 목차 |

19세기 후반 미국의 전반적인 실상을 총 44개 항목으로 구분하여 소개하고 있다.

_박찬수 소장

自主乎處己務未正且接人雖椒見和而人有不義
未嘗一毫容隱己無所失亦未嘗一毫見忌於
接之儀初無拜跪互以免冠握手爲禮女人則又加
以親嘴而女人之權重於男子故每於今衆皆以
必談而先之
〇律度量衡四者有國之大政世罪也其造曆之法
以耶穌降生爲紀年現今戊子七年朝鮮開國四百九十
年爲西曆一千八百八十八年每年分十二月有
大小水月三十日大月三十一日隂月爲二月以
閏月爲大月八月至十二月以隂月爲大二月謂之
平月即二十八日以統計一年爲三百六十五日自
行於三百六十五度而積正爲數四分度之一每歲
〇律度量衡四者有國之大政世第見其造曆之法

三年置一日之閏間屬於二月而爲二十九日分
七曜即日月火水木金土也日曜日則謂之禮拜日
官商吏民男女均各休務赴耶穌降堂演講聽聖
也每日分二十四時晝夜各十一時自丑初至午正
謂之晝十二時自午初至子正謂之夜十二時拜外
四刻列分十五分積六十分爲一時也
〇尺度之規以八素隱加也
即取微單與人之中指中節相彷爲一即取以十即盡爲
一寞設也并以三寞爲一野
國制尺一尺七十而織細等依定者均以野度之也
營造量地等均以寬度之也
〇稱衡有三等一口金秤用於金銀珠貝等寶物以

| 〈재미국화성돈조선공사관지도在美國華盛頓朝鮮公使館之圖〉 |

1888년 1월 19일 워싱턴 D.C. 피서옥(皮瑞屋, Fisher House)에 첫 번째 공사관을 개설했고,
박정양 본국 소환(1888. 11월) 3개월여 뒤인 1889년 2월 13일 현재의 로건서클 단독건물로 이주한다.
현관 입구에 왼쪽부터 이완용, 이하영, 이채연, 호러스 N. 알렌이 나란히 섰다(1889. 5. 8.).

_연세대학교박물관 소장

미속습유 美俗拾遺
차례

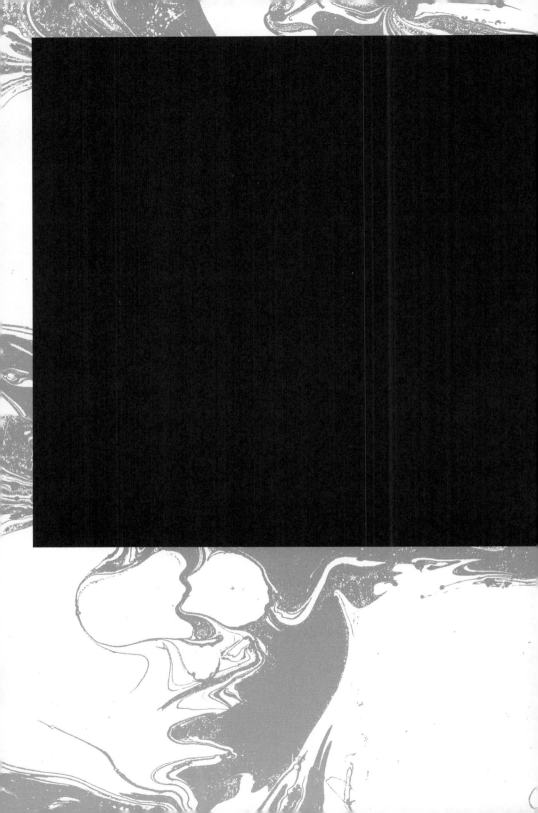

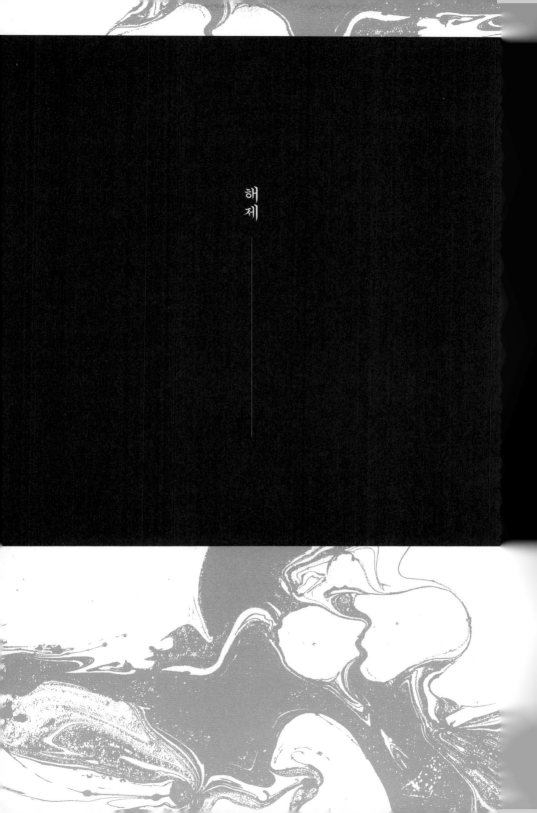

해
제

해제

《미속습유美俗拾遺》는 초대 주미전권공사 박정양朴定陽(1841. 12. 24(음력), 1842. 2. 4(양력)~1905. 12. 15)이 재직 중 직접 보고 듣고 느낀 미국의 여러 가지 제도와 문물을 체계적으로 정리한 보고서 형식의 미국 견문기이다. 박정양은 조선시대 노론의 명문거족인 반남 박씨潘南朴氏 출신으로 1886년 문과에 급제하여 관직에 발을 들여놓은 후 실무형 개혁파 관료로 정부의 요직을 두루 거쳤다. 특히 그는 1881년 신사유람단(조사시찰단)의 조사朝士로 일본을 시찰한 데 이어 1887년 조선 역사상 최초로 서양 국가인 미국에 상주하는 외교사절단으로 임명, 파견되었다. 그가 1888년 1월 미국에 상륙한 뒤 그해 11월 귀국길에 오를 때까지 약 11개월 동안 미국의 공공기관과 시설을 시찰함과 동시에 각종 정보를 수집해 쓴 글이 바로《미속습유》이다.

박정양은 주미전권공사로 임명된 뒤 1887년 9월 23일 고종에게 사폐辭陛하는 자리에서 다음과 같은 훈유訓諭를 받았다.

짐은 경卿이 원래 충성스럽고 성실하며 일처리가 치밀하여 정성으로 나라를 위해 힘써 일하는 것을 알고 있기 때문에 미국 수도에 주차駐箚하는 전권대신으로 특파하는 바이다. 경은 그 나라에 가면 그 나라와 친목과 화호를 도모하는 데 힘쓸 것이며, 일을 논의할 때 모가 나지 않도록 하여 타협을 이룩토록 하고, 반드시 견문을 넓히되 우리나라 사정에 관계되는 일이 있으면 즉시 보고를 올리도록 하라. 아울러 우리나라 상민商民 가운데 그 나라에 가서 체류하는 자를 보호해주며, 특별히 통상을 일으키는 방도도 강구토록 하여라. 그 나라 정부와 인민의 정형情形도 수시로 설법設法·채방採訪하며 그 나라에 주차하고 있는 중국 및 각국 공사·영사들과도 친밀히 교제하고, 또 각국의 사정을 자세히 탐문하여 일일이 보고를 올리도록 하라. 이것이 짐이 바라는 바이다.[1]

위와 같이 박정양은 미국을 비롯한 조약을 체결한 나라들과의 친목 및 화호 도모, 조선의 상민 보호와 통상 진작 이외에 미국 "정부와 인민의 정형"을 파악하라는 임무를 부여받았던 것이다. 당시 고종은 미국에게 청국의 압력에 대한 거중조정을 의뢰하는 한편 미국과 통상을 증진함으로써 조선의 개화와 자강을 꾀하고자 노력하고 있었다. 그리하여 고종은 1881년 일본에 파견된 경험이 있을 뿐 아니라 "충성스럽고 성실하며 일처리가 치밀하여 정성으로 나라를 위해 힘써 일하여" 신임이 두터웠던 박정양을 초대 주미전권공사로 임

---

[1] 《구한국외교문서: 미안 1》10, #461, 318쪽; 《종환일기從宦日記》, 1887년 9월 27일 자.

美俗拾遺
미속습유

명함으로써 미국의 실상을 정확히 파악하고자 했던 것이다.

이에 박정양은 자기에게 부여된 이러한 임무를 충실히 수행하기 위해 미국에서 견문한 바를 적은 자신의 일기들 이외에 중국, 일본 및 미국 등지에서 간행된 여러 자료를 참고로 삼아, 미국 체재 중에 하나의 체계적인 미국 견문기인《미속습유》를 집필한 것으로 보인다. 박정양은 일본을 시찰한 뒤 고종에게《일본국견문조건日本國見聞條件》이라는 일종의 견문기를 작성하여 보고한 경험을 바탕으로《미속습유》에서 미국의 실상을 잘 요약, 정리할 수가 있었던 것이다.

또한 박정양은《미속습유》를 통해 국왕 이외의 관리들에게도 미국을 올바르게 소개하려는 의도를 가지고 있었던 것으로 여겨진다. 당시 조선에는 청국에서 유입된 웨이위안魏源의《해국도지海國圖志》(1844), 쉬지위徐繼畬의《영환지략瀛環志略》(1850) 등 서양을 소개한 각종 서적들과 이를 참고로 편찬된 최한기崔漢綺의《지구전요地球典要》(1857), 1880년 김홍집金弘集이 일본에서 가지고 들어온 황쭌쎈黃遵憲의《조선책략朝鮮策略》, 그리고 박문국博文局에서 간행한《한성순보漢城旬報》,《한성주보漢城周報》및《만국정표萬國政表》(1886) 등이 식자들 사이에 유포되어 있어서 미국에 관한 정보를 얻을 수가 있었다.

그러나 이들 서적의 대부분은 미국을 전문적으로 다룬 책이 아니고 간행된 지 오래된 것도 있었기 때문에 미국의 전반적인 실정을 정확히 파악하기에는 부족한 점이 많았다. 따라서 박정양은 미국 국세에 관한 최신 통계가 인용된 새로운 견문기를 스스로 집필하여 조선이 외교적으로 중시하는 미국에 대한 이해와 관심도를 높이고자 했던 것으로 짐작된다. 궁극적으로 그는 《미속습유》를 집필함으로써 미국이 부국강병하게 된 원인과 그 실상을 소개하는 동시에 조선의 개화·자강책을 간접적이나마 모색하고자 노력했던 것으로 이해된다.

박정양은 주미전권공사로 임명되어 귀국하기까지 자신이 견문하고 활동한 바를 낱낱이 《해상일기초海上日記草》, 《미행일기美行日記》, 《종환일기從宦日記》 등 세 가지 일기에 기록해 두었다. 그 가운데 《미행일기》는 청국으로부터 공사 파견을 허락받은 1887년 11월 10일(음력 9월 25일)부터 국왕에게 복명하였던 1889년 8월 20일(음력 7월 24일)까지 일들을 기록한 것이다. 그가 주미전권공사로서 "귀로 듣고 눈으로 본 것을 간략하게 기록함으로써 비망備忘할" 목적으로 썼던 《미행일기》는 고종에게 보고할 것을 염두에 두고 집필되었다. 이는 《미행일기》의 내용 중 많은 부분이 《미속습유》와 일치하는 사실로 미루어 알 수 있다.

또 《종환일기》는 박정양이 멀리 1875년부터 1898년까지 자신의 관직생활과 관련된 사항을 기록한 일기로서, 이 가운데에는 그의 주미전권공사직과 연관된 일기가 포함되어 있다. 《종환일기》의 분량은 많지 않고 내용은 앞의 두 일기와 중복되지만, 《해상일기초》와 《미행일기》에 기록되지 않은 사항이 나타나 있어 공사 시절의 전 일정을 파악하는 데 좋은 보조 자료가 된다.

미속습유 美俗拾遺

그러나 박정양은 이들 일기만으로는 미국에 있는 동안 자신이 견문한 바를 일목요연하게 정리, 종합하기에 미흡함을 느꼈을 것이다. 비록 그는 자신이 참고한 자료들을 밝히지 않았지만, 자신의 일기 이외에 국내뿐만 아니라 중국, 일본 및 미국에서 입수한 자료들을 참고하여 《미속습유》를 집필하였다. 이는 그가 《미속습유》에 지명을 표기할 때 각 지명에 한글로 쓴 서양어음과 아울러 한자로 중국어역음 및 일본어역음을 적어둔 점으로 미루어 알 수가 있다.

따라서 그가 참고한 서목書目에 관해서는 다음과 같은 추론이 가능해진다. 우선 박정양이 미국에 도착하기 전에 이미 그 나라에 대해 풍부한 사전지식을 갖고 있었던 사실로 판단하건대,[2] 미국으로 파견되기 전까지 국내에서 접했을 것으로 여겨지는 《해국도지》, 《영환지략》, 그리고 《지구전요》, 《만국정표》 등의 서적을 참고했음은 확실하다고 추정된다. 실제로 《미속습유》에 나오는 용어 가운데 이 책들의 표기와 일치하는 것이 적지 않다. 또한 《미속습유》가 미국에서 집필되었다는 사실을 고려할 때 그는 미국의 실상을 이해할 목적으로 이 자료들을 미국까지 가져갔을 가능성도 크다.

---

[2] 예를 들어 박정양은 미국으로 가는 도중 하와이布哇國 '호를누항港'에 도착하였을 때, 그곳의 위치와 물산은 물론 역사에 대해 자세히 기록해 두었다. 또 샌프란시스코항에 정박하고 있었을 때, 그곳의 옛 지명이 '구금산舊金山'임을 알고 있었다. 《해상일기초》, 《박정양전집》 6, 1887년 11월 6일 자; 《종환일기》, 1887년 11월 14일 자.

다음으로 박정양이 입수한 서양에 관련된 일본 서적들을 꼽을 수 있다. 여기에는 당시 일본에서 가장 널리 읽혔던 후쿠자와 유키치福澤諭吉의《서양사정西洋事情》, 가토 히로유키加藤弘之의《입헌정체략立憲政體略》등이 포함되었으리라 추측할 수 있다.

마지막으로 박정양이 전권공사 시절에 현지에서 입수한 미국 정부의 자료 및 영문 서적들을 꼽을 수 있다. 그는 국무부·농무부 등 미국의 행정부서를 직접 방문, 시찰하였을 때 그 부의 업무 소개와 '부규部規'가 담겨 있는 책자들을 입수하였다. 미국의 재정 및 군사 등에 관한 최신 통계가《미속습유》에 인용될 수 있었던 것은 바로 이 때문이다. 또한《미속습유》에 단순히 견문만으로는 파악하기 어려운 미국의 지리와 역사 등이 상세하게 서술되어 있는 점을 보면, 박정양이 미국의 교과서류나 역사책, 그리고 개인 전기 등을 입수하여 참고했음이 확실하다.

그러나 박정양은 워싱턴에 주재한 기간이 10개월(1888. 1. 9~11. 19) 정도에 불과했기 때문에, 이들 문헌 자료의 내용을 소화, 파악하는 데 어려움을 겪었을 것이다. 아마 입수된 영문 자료에 관한 한 그는 미국인 참찬관參贊官 호러스 알렌Horace N. Allen과 번역관 이채연李采淵 등의 도움을 받았으리라고 추측할 수 있다. 이들 외에 그는 1885년 펜실베이니아 체스터 카운티Chester County의 링컨 대학교Lincoln University에 유학하고 있다가 공사관에서 근무하였던 이계필李啓弼에게 중요한 글의 번역을 의뢰하였을 뿐 아니라 미국의 역사·제도·풍

미속습유 美俗拾遺

속 등에 관하여 많은 지식을 들었던 것으로 보인다.

이처럼 박정양은 자신의 일기와 각종 자료를 바탕으로 미국에 관한 최신 정보를 담은 《미속습유》를 집필하였다. 총 90항에 달하는 《미속습유》는 발간되지는 않았다. 그러나 이 글은 고종을 비롯한 정부 요로의 관리들에게 원고본으로 읽혀 그들이 미국의 실정을 정확하게 이해하고 미국에 대한 정책을 고안하는 데 많은 영향을 끼쳤을 것으로 여겨진다.

무엇보다 간과해서는 안 될 중요한 사실은 《미속습유》가 지니는 사료적 가치이다. 《미속습유》가 집필된 시기는 이 글 끝부분에 '역법'을 소개하면서 "현금現今 무자戊子 조선개국朝鮮開國 497년四百九十七年 청국淸國 광서 14년光緖十四年 위서력爲西曆 1888년一千八百八十八年" 이라고 확실히 기록되어 있다. 이로써 판단하건대, 《미속습유》는 그가 주미전권공사로 재직하는 동안, 즉 최소한 정부로부터 소환명령을 받고 귀국을 준비하던 1888년 11월 전후에 쓴 것이 틀림없다. 따라서 지금까지 우리나라 최초의 서양 견문기로 알려진 유길준俞吉濬의 《서유견문西遊見聞》이 1889년에 탈고되고 1895년에 발간된 사실과 비교해보면, 《미속습유》는 《서유견문》보다 1년 앞서 탈고된 우리나라 최초의 미국 견문기라고 평가할 수 있다.

《미속습유》는 그 분량이 총 90항으로서 서문 없이 44개의 항목으로 구성되어 있다. 박정양이 서문을 쓰지 않은 이유는 그가 당시 청국의 내정간섭이 극심했던 상황에서 미국에 관한 자신의 솔직한 입장을 표명하기 곤란했기 때문이라고 생각된다. 이 점은 역설적으로 박정양이 호의적인 미국관을 지녔음을 말해준다. 그가 이 글에서 많은 항목을 설정한 것도 호의적 입장에서 될수록 미국을 상세하게 소개하기 위한 의도가 깔려 있었다고 볼 수 있다. 그 항목들을 나열해 보면 다음과 같다.

지세地勢·개국사적開國事蹟·독립사정獨立事情·민주 및 역대民主并歷代·토지개척 및 주군土地開拓并州郡·인종人種·국헌國憲·민선원民選院·원로원元老院·재심원裁審院·국무부國務部·호부戶部·육군부陸軍部·해군부海軍部·내무부內務部·체신부遞信部·농무부農務部·형부刑部·봉교奉教·농업農業·공업工業·상무商務·교섭交涉·물산物産·지조地租·전폐錢幣·광무鑛務·은행銀行·회사會社·인민재화人民財貨·선거善擧·인수기引水機·구화기救火機·기명器皿·도로道路·차량車輛·철도鐵道·신문지新聞紙·제조製造·속상俗尙·역법曆法·척도尺度·칭형稱衡·화성돈경도華盛頓京都

이들 항목을 훑어보면 알 수 있듯이, 내용상 하나의 항목으로 묶어도 좋을 사항들이 여러 개로 자세히 나누어져 있다. 따라서 이들을 주제별로 정리하면 크게 네 부분으로 구분된다. 첫 번째 부분(지세~인종)은 지리와 역사에 관한 것으로, 주로 서적을 참고해 집필한 것으로 보인다. 두 번째 부분(국헌~형부, 교섭)은 박정양이 시찰한 적이 있는 정부기관의 체제와 사무에 대한 것으로, 미국 통치구조의

미 속 습 유 美 俗 拾 遺

특징을 파악하려는 데 중점을 두고 있다. 세 번째 부분(농업~인민재화)은 경제와 관련된 실정이 담겨 있는데, 이는 그가 미국이 부강하게 된 배경과 원인을 고찰하는 데 관심이 많았음을 보여준다. 마지막 부분(봉교, 선거~화성돈경도)은 그가 견문한 풍속과 각종 사회·교육시설, 그리고 근대적 문물을 소개한 것이다.

단, 봉교 항목에는 종교와 관련이 없는 교육에 대한 내용이 들어 있다. 봉교의 教에 종교뿐 아니라 교육도 광범위하게 포함된 것인지, 아니면 박정양이 실수로 교육 항목의 제목을 빠뜨린 것인지 여부는 파악할 수 없다. 만약 후자일 경우, 항목의 수는 45개가 된다.

박정양은 《미속습유》에서 단순히 미국을 소개하는 데 그치지 않고, 자신이 견문한 바에 대해 논평을 가하고 있다. 그러므로 이 논평에 유의하면서 《미속습유》의 내용을 분석하면 박정양의 미국관을 엿볼 수 있다. 아울러 《해상일기초》, 《미행일기》, 《종환일기》와 그가 고종에게 복명한 대화 내용 등을 이에 보충하면 그의 미국관이 좀 더 확연하게 드러난다.

박정양은 주미전권공사로 재직 중 미국의 지리·역사를 이해하고 각종 정치·사회제도, 그리고 부국강병한 모습들을 견문하면서 많은 감명을 받아 대체로 호의적인 미국관을 지니게 되었다. 그러나 그는 자신이 파악한 미국의 장점들을 단시일 내에 조선에 도입, 적용시킬 수 없다는 사실도 잘 알고 있었다. 따라서 그는 미국의 좋은 제도와 문물을 점진적으로 수용할 것을 주장하되 이를 위해 무엇보다도 교육이 필요하다는 것을 절감하였던 것 같다.

　아울러 미국이 교육을 통해 부국강병의 국가가 되었다는 박정양의 인식은 그가 추진하려던 개화 내지 개혁의 가장 중요한 사상적 바탕이 되었다고 여겨진다. 바꿔 말하면, 그의 교육관은 조선에서도 근대적인 교육을 통해 국민을 계몽하여 서구의 선진문명을 받아들이고 점진적으로 제도개혁을 실행하자는 그의 동도서기론東道西器論에 바탕을 둔 개혁사상에 직결된다. 그런데 미국식 교육제도를 도입하고 근대적 학문을 받아들여 조선의 근대화를 추진해야 된다는 생각은 비단 박정양만이 가진 것은 아니었다.

　이미 1883년에 보빙사報聘使의 전권부대신全權副大臣으로 미국에 다녀온 홍영식洪英植도 미국식 교육제도를 도입하여 국민을 교육시키는 일이 조선의 급선무임을 강조한 적이 있다. 당시 조선은 부국강병을 이룩할 수 있는 방안을 모색하고 있었던 만큼, 1880년대 미국을 방문한 개화파 지식인이 미국의 선진문명을 받아들이기 위해 교육의 필요성을 역설한 것은 당연한 결말이 아닐 수 없다. 그러나 홍영식이 갑신정변에 참여하여 급진적인 체제 변혁을 시도하다가 실패한 반면에, 박정양은 갑오개혁에서 교육을 통한 점진적인 국민 계몽과 제도 개혁을 실천하여 어느 정도 실효를 거두었다.

　이와 같이 박정양의 온건한 개혁사상은 조선과 미국의 체제가 근본적으로 다르기 때문에, 미국의 문물과 제도를 조선에서 일시에 수용하는 것이 불가능하다는 전제 아래 형성되었다. 이는 그가 미국을 호의적·긍정적으로 바라보면서도 조선의 당시 상황에서는 실현이 불가능한 정당정치나 자본주의적 경제체제의 실상을 파악하는 데 중점을 두지 않았던 점에서 단적으로 드러난다. 따라서 박정양의 미국관은 조선에 대한 청국의 내정간섭이 심화되는 상황 속에서 조선의 자주와 독립을 유지하기 위해 미국과 외교관계를 강화하고 미국처럼 부국강병을 이룩할 수 있는 방안을 구하는 데 초점이 맞춰져 있었음을 알 수 있다.

실제로 박정양은 고종에게 복명하는 자리에서 미국이 부강한 원인은 영토가 광활하거나 재원이 풍부하다는 외형적인 조건보다는 국민 모두가 내수內修에 무실務實한 데 있다고 보고하였다. 아울러 이러한 '내수의 무실'은 정부 관리와 국민 전체가 각자 맡은 직무에 충실을 기하는 규모의 주밀周密함과 낭비하지 않는 절용節用에서 근원한다고 파악하였다. 그는 근대적인 기술문명의 효율성과 산업에 대한 미국 정부의 보호 내지 육성 정책을 높이 평가했음에도 토지의 사유제 혹은 시장원리에 바탕을 둔 자본주의적 경제체제에 대해서는 논급하지 않은 채 미국이 부강한 근본적인 원인을 '내수론'에 있다는 결론을 내렸던 것이다. 이 점은 바로 그 자신이 경제제도의 급진적 변혁보다는 점진적인 개혁을 추구하는 동도서기론의 사상을 지닌 개혁관료였음을 잘 보여준다.

번역문

지세地勢

지구전도地球全圖를 살펴보면, 서반구에는 아메리카(아미리가阿美利加, America)가 있는데 남·북 두 주洲로 나뉘어 있다. 〈아메리카의〉 남쪽과 북쪽은 모두 빙양氷洋으로 경계를 삼는다. 동쪽 경계는 대서양으로 유럽(구라파歐羅巴, Europe)의 서쪽 경계와 서로 마주하며,[1] 두 주는 서로 바라보고 있다. 서쪽 경계는 태평양으로 아시아(아세아亞細亞, Asia) 동쪽 경계와 서로 바라보고 있다.[2] □□□ 등 극서북極西北 한 모퉁이와 아시아의 극동북極東北 모퉁이의 러시아(아라사俄羅斯, Russia)[3]와 베틀의 북처럼 생긴 땅이 서로 마주 보고 있는데, 그 사이의 거리는 띠 하나 정도의 항구에 불과하다. 중앙에서 북위 □□□□ 에 이르기까지[4] 산맥이 실같이 이어져 있는데, 이곳이 남·북 두 주를 나누는 경계이다.

북아메리카주에는 아메리카합중국(미리견합중국美利堅合衆國)이 있

---

[1] 대본에는 '▨□□□'으로 되어 있다.
[2] 대본에는 '相▨'으로 되어 있는데, 문맥을 살펴 '相' 뒤에 '望'을 보충하여 번역하였다.
[3] 대본에는 '俄▨□□□'로 되어 있는데, 문맥을 살펴 '俄' 뒤에 '羅斯'를 보충하여 번역하였다.
[4] 대본에는 '十▨□□□境'으로 되어 있는데, '十'과 '境'도 결자와의 관계를 알 수 없어 번역하지 않았다.

는데, 남쪽은 북위 24도 30분[5]에서 49도까지이며, 경선經線은 서경 西經 66도 40분에서 125도 32분까지이다. 동쪽 경계는 대서양으로 유럽의 스페인(서반아西班牙, Spain)·포르투갈(포도아葡萄牙, Portugal) 등 의 나라와 마주 대하고 있으며, 북쪽으로는 영국의 식민지(속토屬土) 인 캐나다(가나타加拏他, Canada)와 접하여 위니펙호(유니백호維尼百湖, Lake Winnipeg)로 경계를 삼으며, 서쪽으로는 태평양을 경계로 삼고, 남쪽으로는 멕시코(묵서가墨西哥, Mexico)와 경계를 이룬다. 동서의 거 리는 8550리이고 남북의 거리는 4800리이다.[6]

두 개의 큰 산이 있는데, 동쪽에 있는 산은 애팔래치아산(알내견니 산戛乃堅尼山, Appalachian Mountain)으로 높이가 6200자(척尺)이고, 서 쪽에 있는 산은 로키산(루옥산鏤玉山, Rocky Mountain)으로 높이가 1만 7000자이다.

강은 미시시피강(미서시서습피米瑞是瑞峇陂, Mississippi River)이 가장 긴데, 그 수원水源은 아이태스카호(소□□아호蘇□□阿湖,[7] Lake Itasca)

---

5 대본에는 '二十四▨▨十分'으로 되어 있는데, 미국의 지리적 위치에 근거하여 '二十四度三十分'으로 바로잡아 번역하였다

6 박정양이 귀국 후 국왕 고종에게 복명하는 자리에서, 고종이 미국의 지리적 위치를 묻자, 그는 "이 나라는 비록 북미합중국이라고 부르지만, 아메리카주 전부로 논하면 중앙에 위치하고 있습니다"라고 답하였다. 또 미국의 땅이 일본과 비교해서 몇 배 정도나 되느냐는 고종의 물음에 박정양은 "동서 8,550리이고 남북 4,800리……땅의 넓음은 아시아주의 중국이나 유럽의 러시아에 비해 작지 않습니다"고 답하였다. 이 처럼 고종과 박정양이 영토의 크기와 위치에 주목하고 있는 이유는 당시 조선에 대 해 막강한 영향력을 행사하고 있던 중국을 견제할 수 있는지 여부에 관심을 두었기 때문이라고 판단된다. 〈박정양 복명문답〉, 《승정원일기》, 1889년 7월 24일조.

7 대본에는 '▨▨▨阿湖'로 되어 있다.

에서 발원하여 남쪽으로 흘러 바다로 들어간다. 그 지류 가운데 동쪽으로 갈라진 것은 일리노이강(일린□□□하日隣□□□河,[8] Illinois River), 오하이오강(오하요하烏何要河, Ohio River), 야주강(야소하耶蘇河, Yazoo River)이고, 서쪽으로 갈라진 것은 미네소타강(민의수타하敏矣秀他河,[9] Minnesota River), □□□무현니씨강(□□□무현니씨하□□□蕪玄尼氏河), 미주리강(미서수리하米瑞秀理河, Missouri River), 아칸소강(아건소하阿搴蘇河, Arkansas River), 캔자스강(□□□하□□□河,[10] Kansas River)이 그 도道로[11] 나누어 흘러서 바다로 들어간다.

또 그 밖에 코네티컷강(건내대것하搴乃大㠯河, Connecticut River), □□□□내와강(□□□□내와하□□□□乃渦河), 서스쿼해나강(서사기한나하瑞斯基旱那河, Susquehanna River), 파도마강(파도마하波都麻河), 제임스강(점서하占瑞河, James River), 서배너강(서□□□하瑞□□□河, Savannah River)[12]은 모두 대서양으로 흘러간다.

컬럼비아강(고론미아하古論米阿河, Columbia River), 새크라멘토강(사가민다하沙哥民多河, Sacramento River), 샌와킨강(산조경하山租京河, San

---

[8] 대본에는 '□□□'로 되어 있는데, 문맥을 살펴 네 번째 자를 '河'로 판단하여 보충하여 번역하였다.

[9] 대본에는 '敏矣秀他□'로 되어 있는데, 문맥을 살펴 '河'를 보충하여 번역하였다.

[10] 대본에는 '□□□□河'로 되어 있는데, 지도상 위치로 캔자스강으로 추정하여 보충하였다.

[11] 대본에는 '□□□□以其道'로 되어 있는데, '以其道'도 결락된 글자와의 관계를 알 수 없어 번역하지 않았다.

[12] 대본에는 '瑞□□□□'로 되어 있는데, 문맥을 살펴 네 번째 자를 '河'로 판단하였고, 지도상 위치로 서배너강으로 추정하여 번역하였다.

Joaquin River),¹³ 콜로라도강(골로내도하骨路乃度河, Colorado River), 내하채나강(내하채나하來朶那河)은 모두 태평양으로 들어간다. 그 외 명산과 대천大川 가운데 세계적으로 유명한 것 역시 많다. 나라는 북아메리카주의 정중앙에 있는데, 중간의 땅은 넓고 툭 트여 숫돌처럼 평평하고, 가끔 사막이 있다.

---

¹³ 지도상 위치와 발음으로 샌와킨강으로 추정하여 보충하였다.

美俗拾遺
미속습유

개국사적開國事蹟

옛날 남·북 아메리카주에는 토지가 아직 개간되지 않은 채 단지 원주민(토번土番, 인디언)이 스스로 부락을 이루고 군장君長도 없이 동굴 속에서 살거나 노숙하였으며, 나체로 살면서 사람을 죽여 잡아먹었다.[14] 유럽인 콜럼버스(가륜파哥倫波, Christopher Columbus)는 본래 이탈리아(이태리伊太利, Italy) 사람으로, 서력 1436년[15] 제노바(숙나아熟那亞, Genova)에서 태어나 유년 시절에 아버지에게 항해술을 배웠다. 그 족인族人이 해상을 순회하면서 적의 사정을 탐지하였는데, 이슬람교도와 서로 대항할 때 콜럼버스가 이를 도왔다. 적들이 배에 방화하여 모두 불타버렸지만, 콜럼버스는 물에 뛰어들어 간신히 살아남았다.

〈그는〉 포르투갈 사람이 바야흐로 항해학에 통달했다는 사실을 듣고, 이에 그 나라 선원의 딸과 결혼해서 아내로 삼았다. 처갓집에

---

[14] 박정양은 유럽인이 도래하기 전 아메리카에는 미개한 원주민들이 살았다고 이해하였다. 이 점은 유럽인의 아메리카 탐험과 이주로 말미암은 인디언들의 핍박받는 생활이 거의 논급되지 않은 것과 관련하여 박정양이 기본적으로 미국의 성립과정을 긍정적으로 인식하는 관점에서 역사를 파악하고 있음을 보여준다. 《미행일기》, 《박정양전집》6, 아세아문화사, 1984, 1888년 9월 14일 자.

[15] 콜럼버스의 생년은 1450년 혹은 1451년으로 알려져 있다.

소장된 해도海圖와 측량기를 보고, 문득 지구가 둥글다는 사실을 깨달아 고무된 마음으로 기꺼이 서쪽으로 항해하겠다는 뜻을 갖게 되었다. 이때 유럽 각국은 아직 항해술이 숙련되지 않아서 땅 끝은 저승으로 들어가는 문(귀관鬼關)이라거나 혹은 대양大洋이 끝나는 곳에는 괴물들이 뒤섞여 산다고 알려져 있었다. 때마침 포르투갈 사람이 커다란 사탕수수가 바닷가에 떠있는 것을 보았고, 또 초목과 조각된 나무가 바다 위에 떠다니거나 또 시체가 서쪽으로부터 표류하여 오기도 하였다. 콜럼버스는 깜짝 놀라서 크게 깨닫고, "만약 대륙이 없다면 어찌 초목이 있으며, 사람이 살지 않는다면 어찌 시체가 떠내려 오겠는가?"라고 말하면서 서쪽으로 항해하여 그것이 사실임을 증명해보기로 결심하였다. 이에 이탈리아로 돌아와 정부에 호소했으나, 이탈리아 정부는 그를 미쳤다고 여겨 그의 말을 들어주지 않았다.

이에 〈그는〉 다시 포르투갈 국왕 주앙(약한約翰, João) 2세를 설득하였는데, 주앙 2세가 이를 의심하자 은밀하게 몇 척의 배를 띄워 며칠간 서쪽으로 항해했으나 아무런 소득을 얻지 못하였다. 콜럼버스는 화가 나서 자신의 처자식을 이끌고 길거리에서 남에게 빌어먹으면서 스페인의 수도에 도착하였다. 〈그는〉 국왕 페르난도(비지난다匪地難多, Fernando)를 만나 이를 설명하였으나 왕은 이를 믿지 않았다. 8년이 지난 뒤 여왕 이사벨라(의살백랍依薩伯拉, Isabella)가 홀로 그 말을 믿고 자신이 소장한 보물과 장신구를 팔아서 3척의 선박과 120명의 선원을 마련해 주며 콜럼버스가 항해해서 공을 세울 수 있도록 허락하였다. 이때가 서력 1492년 8월 3일, 즉 명明나라 홍치弘治 5년이었다.

　이 당시 유럽인은 아직 기선을 만들 기술이 없었다. 그러므로 항해는 매우 더뎌서 60여 일이 지났지만 끝내 육지를 발견하지 못하였고, 단지 바닷물이 소용돌이쳐서 배가 전진할 수 없음을 알게 되었다. 선원들이 〈모두〉 낙담해서 콜럼버스가 어리석고 허황되다고 몰래 욕하면서 배를 돌리자고 강력하게 요청하였다. 콜럼버스는 그들을 위로하고 타일러 며칠 더 나아가기로 약속했는데, 갑자기 수심이 얕고 파도가 잔잔해지면서 갈대들이 강에 가득 찼으며, 육지의 새들이 공중을 날고 있었다. 밤이 깊어져서 멀리 바라보니 번쩍이는 불빛이 파도 사이에 은은하게 비쳤다. 선원들이 매우 기뻐하며 울면서 "육지다! 여기에 육지가 있다!"고 외쳤다. 이때는 밤이 캄캄해서 배를 빨리 몰 수 없었으므로 날이 밝기를 기다려 해안에 다다랐다.

　콜럼버스가 먼저 기세를 드러내 보이고자 한 손에는 검을 들고 다른 한 손에는 깃발을 잡고 몸을 날려서 해안에 상륙하였다.[16] 원주민들이 경악해서 신인神人이 큰 새를 타고 하늘에서 내려왔다고 생각하였으니, 배를 처음 보고 큰 새라고 의심하였으며 돛을 가리켜 날개라고 생각하였던 것이다. 이에 세 개의 큰 섬인 쿠바(고파古巴, Cuba), 아

---

[16] 1492년 10월 12일이다.

이티(해지海地, Haiti),[17] 과나하니(과아나하果亞那鰕, Guanahani)[18]를 획득하였다. 이들 섬은 모두 지금 아메리카의 동남쪽 바다 가운데 있다. 쿠바와 과나하니 두 섬은 지금까지도 스페인 관할에 속해 있다. 아이티섬은 이후 연혁이 일정하지 않은데, 프랑스(불란서佛蘭西, France)가 차지하였다가 몇 년 후 본토의 홍종인紅種人[19]이 창궐해서 백인을 위협하여 죽이고 스스로 공화정치를 세웠으며, 현재는 드디어 황제를 칭하였다.

이듬해 1월에 콜럼버스가 마침내 황금을 많이 획득해서 스페인으로 돌아가자, 스페인 왕은 그를 후한 예로 대접하였다. 또 〈그는〉 다음 해(1493)에 15척의 배와 1500명의 군대를 출발시켜 서쪽으로 항해했으나 육지에 도달하지 못하고, 스페인 사람들의 중상과 무고로 인하여 중도에 되돌아왔다. 1498년에 다시 8척의 배에 죄수 약간 명을 싣고 아프리카 남단을 돌아서 항해하여 약간의 섬을 획득하였다. 1502년에 또 서쪽으로 항해하여 아이티섬에 이르렀으나 병을 얻어

---

[17] 콜럼버스는 이 섬을 발견하고 에스파뇰라섬이라고 이름을 붙였는데, 이 이름이 영어로 히스파니올라Hispaniola로 된 듯하다. 스페인 식민지시대에는 수도 이름을 따서 산토도밍고(영어로는 샌도밍고)로 알려지기도 하였다. 섬 전체를 아이티라 부르기도 하는데, 이는 인디언 원주민들이 식민지시대 이전에 사용했던 명칭으로 추측된다.

[18] 콜럼버스가 도착한 곳은 바하마 제도의 과나하니섬이었다. 그는 자신이 인도의 한 곳에 도착한 것으로 확신하고 신에 대한 감사의 뜻을 표시하기 위해 이 섬을 '구세주'라는 뜻의 '산 살바도르San Salvador'라고 명명했다.

[19] 살빛이 붉은 홍인종으로 이 섬의 원주민 혹은 토착민을 뜻하지만, 실제로 이들 원주민은 스페인의 학살과 질병으로 몰살당하면서 사라졌고 아프리카에서 끌려온 흑인 노예들이 현 아이티 주민의 선조가 되었다. 그들은 침범해온 스페인과 영국군을 물리치고 혁명을 일으켜 1804년 프랑스로부터 독립을 쟁취하였다.

빨리 돌아왔다. 이때 마침 스페인 여왕이 죽자, 사람들이 콜럼버스와 공을 다투어 중상과 이간질이 날이 갈수록 극에 달한 탓에 마침내 그의 공이 제대로 인정받지 못하였다. 서력 1506년 〈5월 21일〉에 죽었는데, 그의 무덤은 현재 아이티섬에 있다.[20]

대개 콜럼버스의 네 차례에 걸친 서쪽 항해는 겨우 군도群島[21]에 그치고 대륙에 도달하지 못하였다. 그렇지만 유럽인은 콜럼버스 이후에 비로소 서항로西航路를 개척하여 인민이 점차로 옮겨 살게 되었으니, 백인종이 이 땅에 와서 거주한 것은 콜럼버스 때부터 시작된 것이다. 1499년 영국인 캐벗(가파지加波智, John Cabot)이 왕명을 받들어 서쪽으로 항해해서 처음 대륙에 도달하여 먼저 래브라도(랍부랍다拉不多, Labrador) 지방을 차지하였다. 그 후 프랑스인 아메리고(아미리가阿美理加, Amerigo Vespucci)라는 자가 여러 차례 이곳을 방문하여 풍토와 형편을 책으로 엮어 세상에 간행하였다. 이 때문에 세상 사람들이 그의 이름을 따서 그 지역을 아메리카주(아미리가주亞美理加洲)라고 불렀다고 한다.[22]

---

[20] 콜럼버스의 시신은 처음에 스페인 세비야에 묻혔으며, 1542년 아이티의 산토도밍고 대성당으로 이장되었다.

[21] 서인도제도를 가리킨다.

[22] 박정양은 우선 '개국사적'에서 콜럼버스부터 아메리고 베스푸치까지 이른바 유럽인의 아메리카 탐험사를 다루었다. '개국사적'은 콜럼버스의 생애에 관한 설명이 대부분을 차지한다. 박정양은 이와 같이 유럽인이 아메리카를 탐험한 과정을 비교적 정확하게 알고 있었으며, 그 지역이 아메리카로 명명된 유래를 밝혔다. 또한 박정양은 유럽인이 미 대륙으로 이민한 기원을 콜럼버스 이후로 잡음으로써 미국사가 일천하다는 사실을 소개하였던 것이다.

독립사정獨立事情

서력 1565년 스페인 사람이 플로리다(불로리대佛魯里大, Florida)【즉, 지금 미국 남방의 큰 주洲이다.】에 이르러 토지를 개간하고 인민을 모아 다스렸다.[23] 또 1607년에 영국 정부의 관리 뉴파이지(뉴파이지紐波爾智)[24]가 미시시피(미서시서습피米瑞是瑞合陂, Mississippi)에 이르러 미시시피강(미서하米瑞河) 부근에 관청을 설치하였다. 이로부터 영국인이 날로 늘어났고, 유럽 각국, 즉 프랑스·네덜란드(하란荷蘭, Netherlands)·덴마크(정말丁抹, Denmark)·스페인·오스트리아(오지리澳地利, Austria) 등과 같은 나라의 직업 없는 자(무항산자無恒産者)와 부랑자, 중죄를 짓고 법망을 피한 자가 개미나 벌떼처럼 모여들었다. 백인종이 날이 갈수록 늘어나서 매번 원주민과 서로 싸웠으며, 도둑질이 매우 심해서 원주민들이 그 피해를 감당하지 못하였다.

이에 영국 국왕 조지(약모사惹母斯, George) 2세에게 하소연하여 〈영국의〉 영토에 예속되기를 요청하였다. 영국 국왕이 총독 1명과 부관 6

---

[23] 1513년 4월 2일 스페인의 정복자 후안 폰세 데 레온Juan Ponce de Leon이 스스로 '라 플로리다La Florida'에 처음으로 발을 내디뎠는데, 이때가 유럽인으로는 처음으로 미국 본토에 도착한 것으로 알려져 있다.

[24] 존 스미스John Smith로 추정된다.

명에게 이를 진무鎭撫하라고 명령하여, 이로부터 토지와 인민이 모두 영국 관할로 들어가 지배를 받았다. 프랑스인 역시 개간한 공이 많았지만, 프랑스 정부는 토지에서 나오는 이익을 분배받을 수 없었다. 이로 말미암아 두 나라 사이에 분쟁이 일어나 여러 해 전쟁을 하다가 1763년에 비로소 강화하였다.[25] 영국은 군사비 등으로 인해 누적된 채무가 1억 8400만 파운드(방磅, pound, lb)나 되었다. 영국 국왕 조지(약이치若耳治, George) 3세가 이에 "국채國債가 지나치게 많은 것은 미국인에게 그 원인이 있으므로 미국인이 마땅히 그 채무를 보상해야 한다"고 명령을 내렸다. 이에 미국에 세금을 부과하였다.

1764년에 영국 정부는 〈미국에 부과하는〉 세금 항목을 늘렸다.[26] 그 다음 해(1765)에 또 인지세법(印紙稅法, Stamp Act)을 제정하였는데, 무릇 국내에서 매매되는 화물에는 반드시 최하 1전부터 최고 30원까지 인지를 붙여야 한다는 것이었다. 이를 지키지 않는 자는 법률에 따라 처벌하였다. 이에 앞서 영국은 총독 1명과 부관 6명을 파견해 관할로 삼았을 뿐, 입법과 행정 등의 업무는 모두 미국 민회民會에서 의원을 선거하여 그 권리를 관장하였다. 그런데 이에 이르러 영국 정부는 다시 명령을 내려 의원에 결원이 생기더라도 미국인으로 충원하는 것을 허가하지 않았다. 이 때문에 미국인 중에는 징세가 가혹한 것에 분개하는 외에도 의원의 권리를 잃어버린 것에 격

---

[25] '1663년'은 1763년의 오기. 영국과 프랑스가 아메리카 대륙에서 벌인 프렌치 인디언 전쟁으로 1763년에 파리조약을 맺으면서 끝났다.
[26] 영국 의회에서 제정한 설탕법Sugar Act.

분하여 사람들의 감정이 사나워져서 서로서로에게 "하늘이 우리에게 부여한 것은 우리가 포기할 수 없고 남이 빼앗을 수도 없는 것이니, 이는 자주·자립의 권리이다. 군주의 직분은 사람으로 하여금 하늘이 부여한 자주·자립의 권리를 보존하게 하는 것이다. 그런데 영국 국왕이 이를 빼앗으려 하니, 만약 지금 이를 막아내지 못한다면 우리들은 장차 생선이나 고기(어육魚肉)처럼 짓밟힐 것이다"라고 고하였다.

또 그 다음 해(1766)에 영국 정부가 인지세법을 정지시켜 미국인들을 무마하고 단지 세금만을 징수하였다.[27] 그러나 미국인들은 끝내 이를 듣지 않고, "이미 자립의 권리가 있으므로 세금을 납부할 수 없다"면서 한목소리로 외쳤으며, 사람들이 모두 여기에 호응하였다. 영국 정부가 다시 세금을 감액하고 군대를 파견하여 진무하였다. 미국 내에서는 중부와 남부 사람들의 분은 조금 풀렸지만 오직 동부 사람들만은 뜻을 굽히려 하지 않았고, 영국에 대한 항거는 더욱 굳건해져 비록 부인이나 어린이들도 모두 자주에 대한 의지를 드러냈다. 일찍이 동부 보스턴부(포수돈부布須頓府, Boston)의 어린아이들이 연못 주변에서 놀면서 얼음을 모아 언덕을 만들고 있었다. 영국 병사가 이곳을 지팡이로 얼음을 흩뜨리자 아동들이 진장鎭將을 만나서 호소하였다. 비록 〈어린아이들인데도〉 조금이라도 남에게 꺾이지 않으려 하였으니, 이를 통하여 여러 사람의 마음이 마치 성

---

[27] 1767년 차·유리·납 등에 과세한 타운센드법Townshend Acts을 가리키는 듯하다.

城처럼 굳건함을 볼 수 있다.

이에 앞서 영국이 차엽세茶葉稅를 징수하자, 미국인은 차를 마시지 않았다. 마침 이때 동인도회사 선박 세 척이 차를 싣고 보스턴항에 정박하였다. 보스턴 시민들이 은밀하게 원주민으로 분장하고 그 선박에 잠입해서 차 340여 상자를 바다에 던졌다.[28] 사람들이 모두 통쾌하게 여겼고, 어떤 사람이 차를 던지는 모습을 그렸는데, 이 그림은 지금까지 전해진다. 이에 영국 정부는 보스턴항을 봉쇄하였고, 이로 말미암아 미국인은 점차 영국 정부의 명령을 받들지 않게 되었다.

1774년 9월 4일에 미국 13부의 민회원들이 펜실베이니아주(변슬변의아주邊瑟邊依阿州, Pennsylvania) 필라델피아부(필라달피아부匹羅達皮阿府, Philadelphia)에 모두 모여 영국 국왕에게 파견한 군대를 철수시킬 것을 요청하기로 발의하였다.[29] 영국 국왕이 크게 노하여 군대를 더욱 증파하여 침입하였고, 〈미국인이〉 재삼 요청하였으나 끝내 이를 허락해 주지 않았다. 미국인이 일시에 성난 목소리로 "만약 지금 독립하지 못한다면 오직 죽음만이 있을 뿐이다"라고 외치면서 모든 사람이 한목소리로 일전一戰을 결의하였다. 다음 해(1775) 4월 18일에 농민으로 군대(민병대)를 편성하였는데, 모두 굳건한 각오로 필사必死를 기약하였다. 심지어 한 노파는 날이 무딘 칼을 아들에게 주면서 "적을 만나면 물러서지 말라"고 말하였으며, 한 늙은 농민도 아들에게 "만약

---

[28] 1773년 12월 16일에 일어난 보스턴 차 사건Boston Tea Party.
[29] 제1차 대륙회의The First Continental Congress.

큰 공을 세우지 못하면 다시는 나를 보러 오지 말라"고 말하였다.

이때 미국 장군 프레스콧(포륵소격布勒蘇格, William Prescott)과 영국 장군[30]이 매사추세츠(매서사추세처每瑞斯趨洗處, Massachusetts)와 찰스타운(사례서돈沙禮西頓, Charlestown) 등지에서 전투를 벌였다. 영국군이 크게 패배하여 사망자가 1500여 명이었고, 미국 병사 중 사망자는 450여 명이었다. 이로 말미암아 미국 병사들이 크게 기세를 떨쳤으니, 누가 훈련받지 않은 군대라고 말하겠는가? 진실로 인화人和가 최고라고 말할 만하다.[31] 이에 미국인은 워싱턴(화성돈華盛頓, George Washington)을 원수(元帥, 총사령관)로 특별히 추대하였다.[32]

워싱턴이라는 사람은 미국 남부 버지니아주(부어진어주孚於眞於州, Virginia) 웨스트모얼랜드(서마이란西麻爾蘭, Westmoreland) 사람이다. 집안은 대대로 농사를 지었으며, 어린 시절부터 성실한 마음으로 실질에 힘쓰고 겉치레에 신경 쓰지 않았다. 일찍이 그의 아버지가 외출하였는데, 워싱턴이 도끼를 가지고 밭을 파다가 잘못해서 나무 한 그루를 베었다. 이 나무는 그의 아버지가 매우 아끼고 중하게 여기는 것이었다. 그의 아버지가 돌아와서 이를 꾸짖으며 묻자, 워싱턴은 사실대로 대답하였다. 그의 아버지가 기뻐하며 "나무 천 그루

---

[30] 영국군 총사령관인 토머스 게이지Thomas Gage 중장.

[31] 당시 조선이 청국의 압력을 심하게 받고 있던 상황을 감안해 볼 때, 박정양이 자주·자립과 인화를 중시한 것은 청국에 대한 자신의 자주독립 의지를 간접적으로 표시하는 동시에 그 선결조건으로서 조선인의 일치단결을 촉구한 것으로 이해될 수 있다.

[32] 제2차 대륙회의The Second Continental Congress.

미 속 습 유 | 美 俗 拾 遺

를 가진 것보다 아들이 거짓말하지 않은 것이 더 낫다"고 말하였다.

열한 살 때 아버지가 병으로 돌아가시자, 어머니에게 효도를 다하였다. 그의 어머니는 어질고 사리에 밝아 역시 자식을 사랑하는 마음이 앞서 가르치는 일을 게을리 하지 않았다. 비록 어린아이였지만 무예를 열심히 닦고 글에도 능하였으며, 〈성격이〉 활달하여 큰 뜻을 품었다. 아이들과 놀 때도 지휘하고 옳고 그름을 판단하는 것이 언제나 도리에 맞아 많은 아이들이 모두 〈그를〉 따랐다.

16세에 측량기사로 임명되어 많은 업적을 쌓았다. 때마침 프랑스 이민이 오하이오(오하요烏河要, Ohio)와 매사추세츠 등지로 침입하고, 또 원주민이 무리를 이루어 노략질을 일삼자, 영국 정부가 각 주에 용사를 모집하여 방어하라고 명령하였다. 워싱턴은 약간의 병사를 이끌고 원주민을 위무하였으며 프랑스 장군을 힐책하였다. 프랑스 장군이 이를 듣지 않자 그들과 싸워 커다란 공을 세웠으나, 그 후 병을 핑계로 고향으로 돌아와 두문불출하였다.

이때에 이르러 여러 사람이 원수로 추대하자, 프랭클린(불란극림佛蘭克林, Benjamin Franklin)·애덤스(아단사阿丹士, John Adams)·제퍼슨(차비손遮費遜, Thomas Jefferson)·사지빈思智賓·가이부加爾孚 등을 부원수로 삼아 〈모두〉 기무機務에 참여하게 하였다. 원수는 월봉이 500원으로 정해져 있었지만, 워싱턴은 이를 받지 않고 "이제 막 여러분들과 대사업을 일으키는데, 어찌 내 자신을 위해 이익을 꾀하겠는가? 필요한 만큼만 받겠다"고 말하자 사람들이 모두 그의 의로움에 감복하였다.

워싱턴은 이에 보스턴으로 가서 영국 군대와 보루堡壘를 마주 보고 대치하면서 각 지방의 부장部將에게 격문을 보내 "적군과 서로 싸울 때 민간인들을 침해하지 말고, 군에서 필요한 물건을 수용하면 그 대가를 보상해주며, 만약 병졸이 인민에게 해를 끼치면 반드시 벌을 주고 용서하지 말라"고 말하였다.[33] 당시 영국 장군 토머스 게이지(걸일傑日, Thomas Gage)가 포로들을 매우 학대하자, 워싱턴이 편지를 보내 포로들을 학대하지 말라고 충고하였지만 〈게이지는 이를〉 받아들이지 않았다. 워싱턴은 포로들을 관대하게 대하고 은혜를 베풀었다. 여러 차례 전투에서 이기기도 하고 지기도 하였다. 그 다음 해에 영국인들이 보스턴을 포기하고 떠났다.

미국 각 부의 대표자들(신동紳董)이 모두 필라델피아부에 모여서 스스로 국가를 세워 합중국合衆國이라고 불렀다.[34] 워싱턴은 군인과 민간인들이 아주 많이 모인 자리에서 다음과 같은 서약문을 낭독하였다. "영국 국왕이 불법을 저지르고 우리 상선商船에 손해를 가했으며, 우리 재화를 빼앗고 우리 국민을 배척하였으며, 우리 병기兵器를 훼손하였다. 우리는 비록 분을 참았지만, 그들은 더욱 방자하고 모질게 굴었다. 이는 영국 국왕이 우리가 나라를 세우도록 몰아세운 것이지, 우리들이 영국을 배반하고 자립한 것이 아니다. 무릇 우리

---

[33] 박정양은 워싱턴의 정직성과 청렴결백한 생활태도, 그리고 국가와 국민을 위한 헌신적인 봉사 등을 강조함으로써 워싱턴을 조선의 위정자들이 본받아야 할 모범적인 정치가로 부각시키고자 한 것으로 보인다.

[34] 1776년 7월 4일 미국의 독립기념일Independence Day.

온 나라의 국민은 지금부터 영원히 영국 국왕의 정령政令을 받들지 않을 것이다." 이어 영국 국왕이 포학하게 정치한 16개 죄를 각 주에 포고하였다. 이때 미국인 수만 명이 필라델피아에 모였는데, 많은 사람들이 한목소리를 내며 감히 어기는 자가 없었다. 뉴욕(뉴육紐育, New York) 사람들이 영국 국왕 조지 3세의 금상金像을 끌어내려[35] 부수고 이를 녹여 탄환을 만들었다. 이때가 서력 1776년 8월, 즉 우리나라 영조 52년 병신丙申년이었다.

워싱턴은 영국군과 여기저기서 싸웠으나 여러 차례 패하였다. 영국군은 〈본국의〉 후원을 받아 〈군대의 수가〉 더욱 늘어났지만, 미국군은 식량도 궁핍해지고 환자도 많아져 군사들이 불안해했다. 워싱턴은 민심이 놀라고 해이해질 것을 두려워해서 프랑스에 원병을 요청하였다. 프랑스는 본래 영국과 틈이 벌어져 있었으므로 흔쾌히 이를 수락하고 병력을 보내 도와주었다. 워싱턴 군대는 크게 떨치고 일어났다.[36] 대표자들이 회의하여 13개 주가 합심한다는 의미에서 상징을 취하여 기장旗章(국기)을 정하고 13개 선을 그려 넣었는데,[37] 세상에서 이를 화기花旗라고 불렀다.

1781년 10월 워싱턴은 〈용맹한〉 군사 1만 2천여 명을 이끌고 요

---

[35] 대본은 '拿▨▨王若耳治弟三金像'인데, 문맥을 살펴 훼손된 글자를 '出英'으로 판단하여 번역하였다.

[36] 대본은 '華盛頓兵□□大振'인데, 결자는 번역하지 않았다.

[37] 대본에는 '定旗章□□十三線'으로 되어 있는데, 문맥을 살펴 '그려 넣었는데'를 보충하여 번역하였다.

크타운(약돈부約頓府, Yorktown)에서 영국 장군 콘월리스(각용화리사閣龍華理斯, Charles Cornwallis)를 격파하고 뒤를 쫓아가 습격하였다. 영국군이 크게 패배하여 사상자가 550여 명이나 되었고, 포로가 된 자가 7015명이었다.[38] 이때부터 미국군의 사기는 크게 높아졌고 공격하는 기세는 더욱 날카로워졌다. 워싱턴은 8년 동안이나 힘써 싸우느라 무한히 고생하였지만, 의지와 기개는 더욱 높아졌다. 또 프랑스·스페인·네덜란드 등의 국가들이 힘을 합하여 도와주었다. 영국군은 앞뒤에서 적을 맞이하느라 군대의 기세가 날로 꺾이자, 영국 정부의 대신들은 매우 이를 염려하였다. 여러 해 이어지는 전쟁의 피해로 국민들의 생활이 어려워지자, 많은 사람이 영국 국왕에게 미국인의 독립을 허락하라고 권하였으므로 영국 국왕은 어쩔 수 없이 이를 따랐다. 마침내 1783년 1월 20일 영국인과 미국인·프랑스인이 프랑스의 수도 파리(파려巴黎, Paris)에 모여 미국인의 독립과 자주를 허락하기로 인정하였다.[39]

11월에 워싱턴은 단지 전함 20척과 군사 1만 명만 남겨 지키게 하고 나머지는 모두 해산토록 하였으며, 12월에는 총사령관을 사퇴하고 고향으로 돌아갔다. 휘하에서 가까이하면서 신임하던 장교들과 사병도 역시 따르기를 원하는 자가 많아 그를 따르는 수레와 말로 길이 막힐 정도였고, 바라보는 사람들이 담처럼 늘어섰다. 지나는

---

[38] 미국 독립전쟁을 사실상 종결시킨 결정적인 전투인 요크타운 전투Battle of Yorktown이다.

[39] 1783년 9월 3일 영국과 미합중국 간에 미국의 독립을 승인한 파리 조약Treaty of Paris이며, 그 다음 해 비준되었다.

곳마다 마을의 나이 많은 어른들이 길을 막고 서로 축하하면서 "우리들은 이제 영국인의 침해와 탄압을 받아서 생선이나 짐승의 고기처럼 짓밟히지 않게 되었다. 이는 누구 덕분인가?"라고 말하였다.

워싱턴은 시골집으로 돌아가 어머니를 봉양하며 욕심 없이 깨끗하게 살면서, 세상일에는 개입하지 않은 채 유유자적하며 평생을 마치려고 마음먹었다. 1787년에 〈그는〉 또다시 많은 사람의 추대로 대통령이 되어 필라델피아에 수도를 정하였다.[40] 그 뒤 1800년에 토마스 제퍼슨(타마 저포순他馬儲布順, Thomas Jefferson)이 대통령이 되어 수도를 컬럼비아(골륜비骨倫比, Columbia)로 옮기고, 이어 워싱턴의 이름을 따서 그 지역을 '워싱턴'이라고 불렀으니, 바로 오늘날의 수도이다.[41]

---

[40] 박정양은 워싱턴 대통령의 기념비 및 그 생가를 방문하였으며 알링턴 국립묘지, 남북전쟁 전적지와 기념관을 둘러본 적이 있다. 이를 통해 박정양은 짧은 역사를 가진 미국이 부강하고 민주주의적인 국가를 건설한 데 감탄하는 동시에 그 원인을 역사 속에서 찾아볼 필요성을 느꼈을 것이다. 무엇보다 박정양은 미국 독립운동의 영웅이자 민주정치의 토대를 다진 워싱턴한테 깊은 감명을 받았음이 확실하다. 박정양이 미국 역사를 3시기, 즉 '개국사적'·'독립사정'·'민주 및 역대'로 구분하여 기록한 것도 워싱턴의 업적을 기준으로 삼은 것임을 알 수 있다. 《미행일기》, 1887년 12월 29일 자; 1888년 1월 20일 자; 2월 27일 자; 3월 16일 자; 5월 25일 자; 9월 9일 자; 문일평도 "'워싱턴' 분묘에 참배하여 건국 영웅의 면모를 동경한 것과 같은 것은 박 공사가 받은 모든 인상 중에도 영구히 기억할 만한 일이었다"고 평가하였다. 문일평, 《한미오십년사》, 탐구당, 1975, 202쪽.

[41] 실제로 수도는 제2대 대통령 존 애덤스John Adams 때 워싱턴으로 옮겼다. 이러한 오류는 《미행일기》에서도 보인다. "워싱턴은 미국의 수도이며, 컬럼비아주에 속한 지방이다. 서기 1800년에 대통령 토머스 제퍼슨이 필라델피아에서 이곳으로 수도를 옮겼으며, 미국이 당초 독립할 때에 공을 세운 대통령 워싱턴의 이름으로 이 수도의 이름을 붙였다." 《미행일기》, 1888년 11월 26일 자.

민주 및 역대民主幷歷代

워싱턴이 대통령이 되자, 온 나라의 인민은 기뻐서 서로 경축하였으며, 장수와 병사들은 국왕이 되어 세습해주기를 청하자, 워싱턴은 화를 내고 불쾌해하면서 "하늘이 우리 국민을 내시면서 더러는 어진 사람도 있고 어리석은 사람도 있게 되었다. 그러므로 반드시 오래 덕망을 쌓고 두터운 명망이 있는 사람으로 하여금 우리 국민을 통치하도록 하였으니, 이는 하느님(상천上天)의 살리기를 좋아하시는 마음을 본받아 그 덕을 널리 펼쳐 어리석은 사람도 어질게 되도록 하기 위해서이다. 만약 제왕으로 하여금 세습토록 해서 그가 어진지 그렇지 못한지를 따지지 않고 그 직위를 맡도록 한다면, 이는 하느님의 공심公心을 사사로이 하는 것이다. 또 우리들이 오늘날 독립을 한 것은 영국 국왕의 학정 때문이라고 생각하면서도 만약 왕위를 세습한다면, 뒷날 또 영국 국왕처럼 학정을 펼치는 자가 없으리라는 것을 어찌 보장하겠는가?"라고 말하였다. 사람들이 모두 그 명확함에 복종하고 감히 다른 의견을 내지 못하였다. 마침내 나라의 헌법(국헌國憲)을 의논하고 정하였는데, 대통령과 부통령의 임기를 각각 4년으로 한정하였다.

무릇 대통령 선거의 규칙은 현임 대통령이 재임한 지 3년째 되는 해에 각 주에 널리 알려서 〈주민을〉 모두 모이게 하고, 각 해당 주에서 성실하고 공정하며 여러 사람이 추천하는 사람을 의논하고 선출해서 대통령선거인단(공거인公舉人)으로 삼는다. 대통령선거인단의 수는 해당 주의 크기를 고려하되, 단 해당 주에서 중앙정부로 보내는 원로원元老院(상원)과 민선원民選院(하원) 의원의 수를 넘지 않도록 한다. 현재 원로원과 민선원 의원 및 현직 관리와 워싱턴에 거주하는 자는 대통령선거인단이 될 수 없는데, 이는 그들이 아부하고 개인적인 이익을 추구할까 염려해서이다.

각 해당 〈주의〉 대통령선거인단은 그해 12월에 모두 모여 대통령선거인단으로 추천된 사람 중에서 대통령을 뽑는다. 단, 본토에서 태어나 자란 사람으로 나이가 35세 이상이고 호적에 입적한 지 14년 이상이 된 사람이라야 대통령으로 선출될 수 있다. 각 선거인단의 투표지를 꼼꼼하게 살펴보고 가장 많은 표를 얻은 자를 대통령으로, 그 다음을 부통령으로 삼는데, 두 사람의 성명을 정확하게 써서 상자에 담고 관인을 찍어 국회당國會堂의 원로원으로 보낸다. 그 다음 해 2월에 현임 대통령이 원로·민선원의 의원들과 각 부部 관리를 이끌고 국회당의 민선원으로 가서 차례대로 앉고, 무관武官이 상자를 올리고 자물쇠를 연다. 원로 한 사람이 두 사람의 이름을 쓴 문서를 받들고 사람들에게 "아무개 갑某甲이 몇 표를 얻어 대통령이 되고, 아무개 을某乙이 몇 표를 얻어 부통령이 되었다"고 보고한다.

이에 신임 대통령에게 사절을 보내 모시고 원로원에 도착한다. 부통령 이하 대심관大審官, 원로원·민선원의 의원, 각 부 관리[42] 및 각국

---

[42] 대본에는 '各▨官'으로 되어 있는데, 문맥을 살펴 '部'를 보충하여 번역하였다.

공사公使들은 모두 공복公服을 갖추고 서열에 따라 자리에 앉으며, 신임 대통령은 높은 단상의 정중앙으로 가서 앉는다. 대심관이 다음과 같은 서약문을 대중 앞에서 낭독한다. "연방聯邦의 대통령으로서 삼가 〈하늘이 부여한〉 대통령의 직무를 성실히 수행하고 모든 헌법을 준수하여 실추시키지 말라." 의식을 마치면 예포를 쏘아 축하한다.

대통령은 한 나라의 정무를 총재總裁한다. 부통령은 직책이 없이 원로원 장관(상원 의장)을 관례에 따라 맡으며, 만약 대통령에게 결격사유가 생기면 이를 대신 맡는다. 전임 대통령은 퇴임하여 고향으로 돌아가 서민과 동등한 자격으로 지낸다. 각 주에서도 역시 정·부통령의 직임이 있어 해당 지방을 다스리는데, 그 선출 방식과 임기에 대한 법규는 대통령을 선거하는 방식·임기와 다름이 없다.[43]

워싱턴이 4년간 재임하고 나자, 많은 사람들이 추대하였으므로 또다시 4년간 맡았다. 〈그의 임기〉 8년 동안 정규政規·법령·과세·재용財用 등을 모두 나라에 유익하고 당시 상황에 맞게 잘 처리하였으니, 미국의 부강은 실로 여기에 기반을 둔 것이다. 재임 기간이 끝날 무렵 국민

---

[43] 국민이 '선거'라는 제도를 통해 대통령과 상·하 양원의 의원을 선출한다는 사실을 박정양이 인식하고 있었다는 점은 주목할 만하다. 박정양은 대통령과 의원의 선거권 및 피선거권, 그리고 선거방법 등을 자세히 기록함으로써 국민 참정권과 주권재민 사상을 간접적으로나마 소개하였다. 박정양은 대통령 선거에서 해리슨(해노신海魯臣, Benjamin Harrison)이 승리하여 신임 대통령으로 확정되는 날 사람들이 경축하며 불꽃놀이를 벌이는 광경을 목격하였으며, 현 대통령인 클리블랜드가 1889년에 물러난다는 사실도 알고 있었다. 《미행일기》, 1888년 5월 18일 자; 10월 3일 자; 10월 11일 자 참조.

들이 다시 한번 맡기를 원하였지만, 워싱턴은 "만약 그만두지 않으면 후세 사람 중에 반드시 나를 구실로 삼아, 내가 연임한 전례를 따르는 것으로 시작해서 훗날 대통령을 세습하는 자리로 만들까 두렵다"면서 단호히 사임하고 고향으로 되돌아가서 한가롭고 편안하게 지냈다. 1798년 12월 13일에 사망하였는데, 그때 나이 67세였다. 온 나라가 슬퍼하며 추모(통모痛慕)하였는데, 지금까지도 수그러들지 않는다.[44]

워싱턴 이후에 존 애덤스(약한 아단사約翰 阿丹士, John Adams, 재임 1797~1801)가 이를 계승하여 한결같이 워싱턴의 통치 원칙을 지켰다. 이후 토머스 제퍼슨이 8년간(1801~1809) 재임在任하였다.

1807년에 펜실베이니아주 사람 로버트 풀턴(라패 보이돈羅霸 普爾頓, Robert Fulton)이 처음 증기선을 만들어 각국이 다투어 모방하여 현재 전 지구를 다니고 있다.[45] 제임스 매디슨(제임사 마다손諸任斯 馬多遜, James Madison, 재임 1809~1817)이 재차 당선되어 임기를 채웠다. 제임스 먼로(제임사 물월諸任斯 勿越, James Monroe, 재임 1817~1825)가 또 재차 당선되어 임기를 채웠다. 존 Q. 애덤스(김시 아단사金時 阿丹士, John

---

[44] 박정양은 미국이 부강하고 민주정치를 실현할 수 있었던 원인은 바로 워싱턴이 국가체제의 정비와 정착에 힘쓰는 동시에 세습을 거부하고 대통령 임기제의 전통을 확립한 데 있었다고 파악하였다. 이러한 평가는 박정양이 부임한 지 얼마 되지 않은 1888년 2월 22일 워싱턴의 생일에 "미국이 민주와 독립을 이룩한 것은 워싱턴으로부터 비롯된다. 그러므로 국민이 추숭하여 잊지 못하고 이 날을 경축절로 삼아" 그의 공로를 기리는 모습을 직접 확인한 데에 근거를 둔 것이기도 하다. 《미행일기》, 1888년 1월 11일 자.

[45] 풀턴은 1807년 8월 외륜 증기선 클러몬트Clermont호를 개발하여 허드슨강에서 시운전하는 데 성공하였다.

Quincy Adams, 재임 1825~1829)【존 애덤스의 아들】가 처음 철로를 만들었다. 앤드루 잭슨(안두루 색순顔斗屢 色順, Andrew Jackson, 재임 1829~1837)이 재차 당선되어 임기를 채웠다.

〈그 다음 대통령은〉 마틴 V. 뷰런(마천 반 번馬天 班 番, Martin Van Buren, 재임 1837~1841)이다. 윌리엄 H. 해리슨(울림 어취 해리순蔚林 魚就 海里順, William Henry Harrison, 재임 1841)이다. 존 타일러(조은 태일라朝隱 台日羅, John Tyler, 재임 1841~1845)이다. 제임스 K. 포크(제임사 거포 울거諸任斯 巨布 兀巨, James Knox Polk, 재임 1845~1849)이다. 재커리 테일러(사추리 태일라士秋里 台日羅, Zachary Taylor, 재임 1849~1850)이다. 밀러드 필모어(밀내어 필몰密乃魚 匹没, Millard Fillmore, 재임 1850~1853)이다. 프랭클린 피어스(불앵거을순 피이사弗罵巨乙順 皮爾斯, Franklin Pierce, 재임 1853~1857)이다. 제임스 뷰캐넌(제임사 포감란諸任斯 布墈蘭, James Buchanan, 재임 1857~1861)이다.

에이브러햄 링컨(애불애험 능근愛弗厓驗 稜根, Abraham Lincoln, 재임 1861~1865)은 이때에 남당과 북당이 흑인노예 해방 문제로 전쟁을 일으키자 난을 토벌하여 공을 세웠으며,[46] 재차 당선된 다음 해에 부인과 함께 극장에서 관람하다가 자객에게 암살당했다. 앤드루 존슨(안두루 조은선顔斗婁 肇隱先, Andrew Johnson, 재임 1865~1869)은 죄를 저질러 민

---

[46] 이러한 평가는 박정양이 남북전쟁 기념관을 둘러보았던 경험을 바탕으로 내렸으리라 생각된다. 그럼에도 박정양은《미행일기》에서 흑인노예에 대한 백인들의 잔혹한 대우에 대해서는 전혀 쓰지 않았다. 이는 당시 조선이 엄격한 신분제사회를 유지하고 있었기 때문이라기보다는 그가 미국을 좋게만 인식하려고 했기 때문이라고 생각된다.《미행일기》, 1887년 12월 29일 자.

선원의 탄핵으로 대통령 자리에서 물러났다.[47] 율리시스 S. 그랜트(유례사 거란타柔禮斯 巨蘭他, Ulysses Simpson Grant, 재임 1869~1877)는 남북전쟁 때 총사령관으로 공을 세운 인물로 재차 당선되어 임기를 채웠다.

〈그 다음 대통령은〉 러더퍼드 B. 헤이스(을와다포 범비 혜이사乙窩多布凡沸 惠耳斯, Rutherford Birchard Hayes, 재임 1877~1881)이다. 제임스 A. 가필드(제임사 외 갑피일諸任斯 隈 甲皮逸, James Abram Garfield, 재임 1881)는 뉴욕에서 유람하다가 미친 사람의 총에 맞아 살해되었다. 〈다음 대통령이 부통령이었던〉 체스터 A. 아서(최시타 의 아다崔時他 依 阿多, Chester Alan Arthur, 재임 1881~1885)이다. 그로버 클리블랜드(근래반란다勤來班蘭多, Grover Cleveland, 재임 1885~1889)는 현재 대통령인데, 1885년에 대통령으로 선출되었다.[48] 워싱턴부터 지금까지 22대이다.[49]

---

[47] 존슨은 남부 재건정책들을 관대하게 펼쳤는데, 공화당 급진파 의원들의 불만을 사면서 미국 대통령 중 최초로 탄핵소추를 당했으나, 실제로는 1표 차로 부결되어 사임하지 않았다.

[48] 대본에는 '爲▨□□推薦是任'으로 되어 있는데, '爲'도 결자와의 관계를 알 수 없어 번역하지 않았다.

[49] 이와 같이 박정양은 미국의 역사를 사실대로 나열하는 데 그치지 않고 거기에서 일정한 교훈을 얻으려고 노력하였다. 특히 박정양은 미국인이 영국에 대항하여 자주독립을 쟁취하는 과정에서 발휘하였던 '인화' 단결된 모습, 그리고 사욕을 버리고 국가와 국민을 위해 헌신하여 부강과 민주의 토대를 닦아놓은 워싱턴의 인격 및 업적에 초점을 맞춰 기록하였다. 박정양은 이 점들을 강조하여 조선이 청국의 압력에서 벗어나 자주·자립해야 될 당위성과 조선의 위정자들이 본받아야 할 모범적인 정치가상을 부각시키려 했던 것으로 추정된다. 또한 박정양이 콜럼버스에서 클리블랜드 대통령까지 미국 정치사를 일목요연하게 정리하였다는 사실에 주목하지 않을 수 없다. 왜냐하면 박정양 이전에 이처럼 미국사를 상세하게 집필, 소개한 적이 없었다고 판단되기 때문이다. 이러한 점에서 《미속습유》 내용 가운데 역사항목은 매우 돋보이는 부분이라고 할 수 있을 것이다.

토지 개척 및 주군土地開拓并州郡

토지는 개척된 지 오래되지 않아서 아직까지도 개간하지 않은 황무지가 많다. 서력 1774년[50] 독립할 당시, 13주에 지나지 않고 인구도 많지 않았으며, 땅과 사막 등은[51] 모두 관유지로 원로원과 민선원, 내무부가 관리하였다. 토지의 비옥한 정도에 따라[52] 그 형편의 우열을 비교해서 2종으로 나누어 일정한 가격을 정하였다. 제1종지種地는 1에이커(어걸於乞, acre)【어걸은 서양어음 에글인데, 1에글은 사방 4만 3,520자 가량이다.】마다 최저가는 1원 25전, 제2종지는 1에이커마다 최저가는 2원 25전이다. 부락마다 반드시 640에이커를 학교전學校田으로 두어 그 비용을 보충하였다. 모든 관유지는 인민이 그 땅을 소유하려면 반드시 은銀으로 구입해야 한다.

이 외에 또 인민이 토지를 사유私有하는 규칙이 있는데, 2개 조항으로 이루어져 있다. 첫 번째 조항은 토착인과 외국인을 막론하고 현재 그 땅에 거주하면서 경작하는 자가 스물한 살이 넘으면 제1종

---

[50] 대본에는 '一千七□□十四年'으로 되어 있는데. 문맥을 살펴 '1774년'으로 번역하였다.
[51] 대본에는 '地□□漠'으로 되어 있는데, '地'와 '漠'을 근거로 "땅과 사막 등은"으로 번역하였다.
[52] 대본에는 '隨其土□之肥瘠'으로 되어 있는데, 문맥을 살펴 '地'를 보충하여 번역하였다.

지 160에이커나 제2종지 80에이커를 받는데, 다시 〈그 토지를〉 5년 동안 경작하면 지주地主가 된다. 단, 그 기록비와 면허비 등을 납부한 이후에는 해마다 오직 약간의 토지세(지조地租)를 낼 뿐이다. 두 번째 조항은 만약 5에이커 이상의 산에 나무를 심은 자는 2년 이상 키우면 제2종지 80에이커를 받는다. 만약 10에이커에 나무를 심으면 역시 그 배의 땅을 받고, 다시 3년 이상 경작하면 지주가 된다. 이는 인민을 모집해서 토지를 개간하고 경작하는 방법이다.

1200명 내지 1300명이 모여 살면, 반드시 의사와 법관을 각각 1명씩 두어야 하며, 인민의 수가 두 배가 되면 의사와 법관〈의 수〉역시 그 배가 되어야 한다. 〈인구가〉 4만 명이 되면 성읍城邑을 쌓고 1부部가 되고, 50만 명 이상이 차면 자립하여 주州가 되는 것을 허가한다. 이런 까닭으로 인민이 나날이 모여들고 토지가 날로 개간되어서 혹 새롭게 주를 이루거나 혹 하나의 주가 두 개의 주로 나뉘는 경우도 있다. 현재는 38주 11군郡(자치주自治州)이다. 군은 인민의 수가 〈50만 명에〉 차지 않아서 아직 주가 되지 못한 곳의 명칭이다.

동부에는 6개 주가 있다. 첫 번째는 메인(면緬, Maine)【서양어음 메인이다.】이다. 옛날에는 매사추세츠주(마색추세처주馬塞秋世處州, Massachusetts)와 합해져 있었으나 지금은 분리되었다. 지리상 위치는 북위 42도 57분에서 47도 32분까지이고, 서경 66도 52분에서 71도 6분까지이다. 주도州都(주의 수도)는 오거스타(오격▨타奧格▨打, Augusta)이고, 주요 도시는 카리부(발륜부鉢倫埠, Caribou)이다.

두 번째는 뉴햄프셔(뉴함서紐咸瑞, New Hampshire)【서양어음 누함쓰,

○중국어역 뉴한십이紐罕什爾, ○일본어역 뉴한□서紐罕□西]이다. 처음에는 매사추세츠주에 붙거나 뉴욕에 붙어 있었으나, 지금은 분리되었다. 지리상 위치는 북위 42도 40분에서 45도 12분까지이고, 서경 70도 40분에서 72도 88분까지이다. 주도는 콩코드(용갈성庸曷城, Concord)이고, 주요 도시는 맨체스터(문차서대文遮瑞大, Manchester)와 포츠머스(발서모서砵瑞毛庶, Portsmouth) 두 곳이 있다.

세 번째는 버몬트(포문태布門太, Vermont)【서양어음 ꝓ오몬트, ○중국어역 와만지洼滿地, ○일본어역 백이문다伯爾門多】이다. 지리상 위치는 북위 42도 44분에서 45도까지이고, 서경 71도 34분에서 73도 26분까지이다. 주도는 몬트필리어(문피리아門皮里阿, Montpelier)이고, 주요 도시는 톤젠드(파연돈부巴連頓埠, Townshend)가 가장 크며, 멤프리메이고그호(민포광마곡호愍布廣馬谷湖, Lake Memphremagog)가 있다.

네 번째는 매사추세츠(마색추세처馬塞秋世處, Massachusetts)【서양어음 미쓰추셰쳐, ○중국어역 마사주색토麻沙朱色土, ○일본어역 마석도색소馬錫都塞蘇】이다. 지리상 위치는 북위 41도 15분에서 42도 52분까지이고, 서경 69도 54분에서 70도 35분까지이다. 주도는 보스턴(보수돈寶須頓, Boston)이고,[53] 주요 도시는 뉴버리포트(뉴피리발紐皮里砵, Newburyport), 로렌스(노론서노아奴論庶奴亞, Lawrence), 우스터(와시서태瓦詩庶太, Worcester), 톤턴(단안돈短安頓, Taunton), 스프링필드(서보잉부일庶寶仍富日,

---

[53] 보스턴은 앞에서 포수돈布須頓으로 표기했는데, 여기에서는 보수돈寶須頓으로 썼다. 《미행일기》에는 보시돈寶時頓으로 표기했지만, 뒷부분의 '상무商務' 항목에는 寶須頓으로 썼기 때문에 벽자인 □를 須로 판정하였다.

Springfield)인데, 모두 큰 곳이다.

다섯 번째는 로드아일랜드(루대 애일론襲大 挨日論, Rhode Island)【서양어음 누드이일논, ○중국어역 낙애론洛哀論, ○일본어역 노사도魯士都】이다. 지리상 〈위치는〉 북위 41도 18분에서 42도 3분까지이고, 서경 71도 8분에서 71도 58분까지이다. 주도는 프로비던스(포라비돈서布羅非頓庶, Providence)이고, 주요 도시는 뉴포트(노발奴砵, Newport), 크랜스턴(거란니길巨闌尼吉, Cranston)이다.

여섯 번째는 코네티컷(건내대것搴乃大髭, Connecticut)【서양어음 컨넷에컷, ○중국어역 간날저길干捏底吉, ○일본어역 간니극지극토干尼克智克土】이다. 지리상 〈위치는〉 북위 41도 0분에서 42도 2분까지이고, 서경 71도 46분에서 73도 50분까지이다. 주도는 하트퍼드(아부흥阿富興, Hartford)이다.

중부에는 3개 주가 있다. 첫 번째는 뉴욕【서양어음 누욕, 혹 뉴약紐約이라고 부른다.】이다. 지리상 〈위치는〉 북위 40도 30분에서 45도까지이고, 서경 71도 54분에서 79도 57분까지이다. 주도는 올버니(알밀리戞密里, Albany)이다. 뉴욕, 구버너(보노寶魯, Gouverneur), 버펄로(파부로巴富路, Buffalo), 제래第來, 로체스터(로서변태露庶湋太, Rochester) 등의 항구는 모두 큰 곳이고, 유럽과 아시아 선박이 대서양을 경유하여 처음 정박하는 곳이기 때문에 국내 제일의 중요한 항구이다.

두 번째는 뉴저지(뉴저시紐貯是, New Jersey)【서양어음 누져시, ○중국어역 뉴절이서紐折爾西, ○일본어역 뉴일이서紐日耳西】이다. 지리상 〈위치는〉 북위 38도 55분에서 41도 21분까지이고, 서경 73도 58분에서 75도

29분까지이다. 주도는 트렌턴(대이잉돈大伊仍頓, Trenton)이고, 주요 도시는 뉴어크(노보아부奴寶阿埠, Newark)이다.

　세 번째 펜실베이니아(변슬변의아邊瑟邊依阿, Pennsylvania)【서양어음 번실번의아, ○중국어역 빈석이륵니안賓夕爾勒尼安, ○일본어역 변서이파니아邊西爾波尼亞】이다. 지리상 〈위치는〉 북위 49도 43분에서 42도까지이고, 서경 74도 40분에서 40도 36분까지이다. 주도는 해리스버그(거리서배巨利庶倍, Harrisburg)이다. 주요 도시는 필라델피아(필라달피아匹羅達皮兒, Philadelphia), 즉 옛날 미국의 수도이고, 전국에서 기술자가 공장에서 물건을 만드는 데 가장 으뜸이다.

　남부에는 15개 주가 있다. 첫 번째는 버지니아(부어진어富於眞於, Virginia)【서양어음 뻐진어, ○중국어역 물이길니아勿爾吉尼阿, ○일본어역 미이서니아美爾西尼亞】이다. 지리상 〈위치는〉 북위 36도 30분에서 39도 40분까지이고, 서경 75도 10분에서 73도 33분까지이다. 주도는 리치먼드(리지완利支完, Richmond)이고, 주요 도시는 브라운즈버그(부려태라서배富麗太羅庶倍, Brownsburg), 피터즈버그(비태서맥非太庶陌, Petersburg)이다.

　두 번째는 웨스트버지니아(서부어진어西富於眞於, West Virginia)【서양어음 웨싯뻐진어, ○중국어역과 일본어역도 같다.】이다. 지리상 〈위치는〉 북위 37도 10분에서 40도 20분까지이고, 서경 77도 47분에서 82도 32분까지이다. 주도는 웨인(위영威靈, Wayne)이고,[54] 주요 도시는 찰스턴(차서돈差庶頓, Charleston), 파커즈버그(배가서배倍加庶倍, Parkersburg)이다.

---

[54] 주도는 1885년부터 찰스턴인데, 잘못 표기한 듯하다.

세 번째는 노스캐롤라이나(북쾌노라리나北噲老羅里那, North Carolina)
【서양어음 노쓰키로라이나, ○중국어역 북객이륵라北喀爾勒羅, ○일본어역
북가라리나北加羅里那】이다. 지리상 〈위치는〉 북위 33도 50분에서 36
도 30분까지이고, 서경 75도 25분에서 84도 30분까지이다. 주도는
롤리(라리羅利, Raleigh)이고, 주요 도시는 웨인(위잉威仍, Wayne), 뉴베
른(뉴완紐完, New Bern)이다.

네 번째는 사우스캐롤라이나(남쾌노라리나南噲老羅里那, South Carolina)
【서양어음 싸오쓰키로라이나】이다. 지리상 〈위치는〉 북위 32도 4분에
서 35도 12분까지이고,[55] 서경 78도 25분에서 73도 19분까지이다.
주도는 컬럼비아(거론미아巨論米亞, Columbia)이고, 주요 도시는 찰스
턴(사서돈斯庶頓, Charleston)이다.

다섯 번째는 조지아(조지어肇智於, Georgia)【서양어음 쬬시어, ○중국어역
약이치아若爾治阿, ○일본어역 약이일아惹爾日亞】이다. 지리상 〈위치는〉 북
위 32도 22분에서 35도까지이고, 서경 80도 48분에서 86도 40분까
지이다. 주도는 애틀랜타(아란태阿闌太, Atlanta)이고, 주요 도시는 밀리
지빌(미려지米麗池, Milledgeville), 서배너(시마나時馬那, Savannah)이다.

여섯 번째는 플로리다(불노리대佛魯里大, Florida)【서양어음 불로리듸,
○중국어역 불륵리대佛勒釐大, ○일본어역 불로리달佛魯里達】이다. 지리상
〈위치는〉 북위 24도 30분에서 31도까지이고, 서경 80도 1분에서 87

---

[55] 대본에는 '▨三十五度十二分'으로 되어 있는데, 문맥을 살펴 '至'를 보충하여 번역하
였다.

토
지
개
척
및   065
주
군

도 46분까지이다. 주도는 탤러해시(태라우시太羅憂是, Tallahassee)이고, 주요 도시는 세인트오거스틴(산하길서천山河吉庶川, St. Augustine), 새니벌(산맥山麥, Sanibel), 기왜서基倭庶이다.

일곱 번째는 켄터키(간덕기侃德基, Kentucky)【서양어음 킨턱키, ○중국어역 견덕기堅德基, ○일본어역 견탁기堅托基】이다. 지리상 〈위치는〉 북위 36도 30분에서 39도 6분까지이고, 서경 82도 2분에서 89도 40분까지이다. 주도는 프랭크퍼트(부난포附闌布, Frankfort)이고, 주요 도시는 주서왜周庶倭다.

여덟 번째는 델라웨어(달라와이達羅渦伊, Delaware)【서양어음 델에워, ○중국어역 특이랍화特爾拉華, ○일본어역 달랍화이達拉華爾】이다. 지리상 〈위치는〉 북위 38도 28분에서 39도 47분까지이고, 서경 74도 56분에서 75도 46분까지이다. 주도는 도버(도화桃華, Dover)이고, 주요 도시는 윌밍턴(왜령돈倭靈頓, Wilmington)이다.

아홉 번째는 메릴랜드(마일란대馬日蘭大, Maryland)【서양어음 머뤼닌드, ○중국어역 마리란馬里闌, ○일본어역 마리란토馬里闌土】이다. 지리상 〈위치는〉 북위 48도에서 39도 43분까지이고, 서경 75도 4분에서 79도 33분까지이다. 주도는 아나폴리스(안라포리安羅布里, Annapolis)이고, 주요 도시는 볼티모어(볼침어夢沈於, Baltimore), 프레더릭(불례대내佛禮大乃, Frederick)이다.

열 번째는 앨라배마(알아파마戛阿巴麻, Alabama)【서양어음 알아빠마, ○중국어역 아랍파마阿拉巴麻, ○일본어역 아랍파마亞拉波麻】이다. 지리상 〈위치는〉 북위 31도 10분에서 35도까지이고, 서경 84도 53분에서

88도 30분까지이다. 주도는 몽고메리(완감보리完甘寶里, Montgomery)이고, 주요 도시는 마밀위대麻密威大[56]이다.

열한 번째는 루이지애나(루시아나婁是阿那, Louisiana)【서양어음 루시아나, ○중국어역 로안서납魯安西納, ○일본어역 로이서아나路易西亞那】이다. 지리상 〈위치는〉 북위 27도 55분에서 33도까지이고, 서경 88도 40분에서 92도 23분까지이다. 주도는 옛날에 배턴루지(파돈로巴頓魯, Baton Rouge)였는데, 지금은 뉴올리언스(뉴아련부紐阿連埠, New Orleans)로 옮겼다.[57]

열두 번째는 텍사스(택서어서澤庶於瑞, Texas)【서양어음 틱스어스, ○중국어역 득살사得撒士, ○일본어역 달기살사達基薩斯】이다. 지리상 〈위치는〉 북위 25도 45분에서 36도 30분까지이고, 서경 93도 30분에서 106도 45분까지이다. 주도는 오스틴(오서천奧庶天, Austin)이고, 주요 도시는 갤버스턴(가외서돈嘉隈庶頓, Galveston), 휴스턴(포서돈布庶頓, Houston)이다.

열세 번째는 미시시피(미서습피米瑞습陂, Mississippi)【서양어음 미스십피, ○중국어역 밀사실필密士失必, ○일본어역 밀실비密失秘】이다. 지리상 〈위치는〉 북위 30도 10분에서 35도까지이고, 서경 88도 12분에서 91도 36분까지이다. 주도는 잭슨(치신致新, Jackson)이고, 주요 도시는 웨스트포인트(왜서파倭庶巴, West Point), 나체즈(나치서那致庶, Natchez), 애버딘(아파천阿巴天, Aberdeen)이다.

---

[56] 주내에서 최대 도시인 버밍햄Birmingham으로 추측되지만 확실하지 않다.
[57] 주도는 1849년 뉴올리언스에서 배턴루지로, 1862년 오펠루사스로 각각 옮겼는데, 1882년에 다시 배턴루지가 주도가 되었다.

열네 번째는 아칸소(아건소阿搴蘇, Arkansas)【서양어음 아컨쇼, ○중국어역 아간사사阿干沙士, ○일본어역 아이간살阿爾干薩】이다. 지리상 〈위치는〉 북위 33도에서 36도 30분까지이고, 서경 89도 40분에서 96도 42분까지이다. 주도는 텍사캐나(대즉나大卽那, Texarkana)이다.[58]

열다섯 번째는 테네시(전내시典乃是, Tennessee)【서양어음 던네시, ○중국어역 전납서田納西, ○일본어역 전열서典熱西】이다. 지리상 〈위치는〉 북위 35도에서 36도 35분까지이고, 서경 81도 37분에서 90도 28분까지이다. 주도는 내슈빌(나서왜일那庶倭日, Nashville)이고, 주요 도시는 멤피스(면비서沔非庶, Memphis), 채터누가(차단노차丹奴, Chattanooga)이다.

서부에는 14개 주가 있다. 첫 번째는 오하이오【서양어음 오하요, ○중국어역 왜해아倭海阿, ○일본어역 아왜阿倭】이다. 지리상 〈위치는〉 북위 38도 24분에서 42도까지이고, 서경 80도 34분에서 84도 42분까지이다. 주도는 콜럼버스(고편파서古偏巴庶, Columbus)이고, 항구나 상업도시로는 신시내티(신시나대新時那大, Cincinnati), 헌팅턴(아빈돈阿彬頓, Huntington), 클리블랜드(길리부난吉里夫闌, Cleveland), 지리거부支里巨夫, 털리도(도리도都里道, Toledo)가 있다.

---

[58] 1836년 아칸소가 주로 승격되자 아칸소 영토의 수도였던 리틀 록Little Rock이 주도가 되었다. 텍사캐나는 텍사스주와 아칸소주 경계 지역에 걸쳐 있는 두 시로 이루어진 복합 자치지구이다. 지명은 텍사스와 아칸소의 앞 부분과 루이지애나의 뒷 부분을 합성해 명명되었다. 텍사스주에 속해 있는 텍사캐나는 1874년 시가 되었고, 아칸소주의 군청 소재지인 텍사캐나는 1880년 시가 되었다.

두 번째는 콜로라도(골로내도骨路乃度, Colorado)【서양어음 콜로쮀드, ○중국어역 가라랍도哥羅拉度, ○일본어역 고라랍도古羅拉度】이다. 지리상 〈위치는〉 북위 37도에서 41도까지이고 서경 102도에서 109도까지 이다. 주도는 덴버(전화顚化, Denver)이다. 이곳은 최근에 새로 주州로 승격되었다.[59]

세 번째는 미네소타(민의수타敏矢秀他, Minnesota)【서양어음 민늬슈타, ○중국어역 민니소대閩尼疏大, ○일본어역 미니소태美尼蘇太】이다. 지리상 〈위치는〉 북위 42도 30분에서 49도까지이고, 서경 89도 30분에서 97 도 4분까지이다. 주도는 세인트폴(성호라聖戶羅, St. Paul)이고, 주요 도 시는 미니애폴리스(민의호리서敏矢戶利庶, Minneapolis)이다.

네 번째는 일리노이(일린오의서日隣烏衣庶, Illinois)【서양어음 일린오의 스, ○중국어역 의린노사衣隣奴士, ○일본어역 이이리나이사伊爾里那伊斯】이 다. 지리상 〈위치는〉 북위 37도에서 42도 30분까지이고, 서경 87도 49분에서 91도 28분까지이다. 주도는 스프링필드(서부잉비이庶富仍非 伊, Springfield)이고, 주요 도시는 시카고(시가고詩可古, Chicago), 매리언 (별이아別伊亞, Marion)이다.

다섯 번째는 미시간(미수간美秀干, Michigan)【서양어음 미쉬간, ○중국 어역 밀집안密執安, ○일본어역 미지간美智干】이다. 지리상 〈위치는〉 북 위 41도 40분에서 43도 46분까지이고, 서경 80도 25분에서 90도 34 분까지이다. 주도는 랜싱(란신蘭新, Lansing)이고, 주요 도시는 디트로

---

[59] 1876년 콜로라도가 주로 승격되면서 덴버 역시 주도가 되었다.

이트(대저래大儲來, Detroit)이다.

여섯 번째는 위스콘신(위서건신威瑞搴信, Wisconsin)【서양어음 위스컨신, ○중국어역 위사간손威士干遜, ○일본어역 위사간신威斯干信】이다. 지리상 〈위치는〉 북위 42도 30분에서 46도 58분까지이고, 서경 87도 8분에서 92도 54분까지이다. 주도는 매디슨(매리신梅里新, Madison)이고, 주요 도시는 밀워키(미보기美保基, Milwaukee)이다.

일곱 번째는 아이오와(아이와阿伊渦, Iowa)【서양어음 아이오와, ○중국어역 애아화挨阿華, ○일본어역 이아화伊疴華】이다. 지리상 〈위치는〉 북위 42도 20분에서 43도 30분까지이고, 서경 90도 20분에서 96도 53분까지이다. 주도는 디모인(지서몰인地庶沒湮, Des Moines)이고, 주요 도시는 지운발地雲砵이다.

여덟 번째는 미주리(미서수리米瑞秀里, Missouri)【서양어음 미스슈뤼, ○중국어역 미소리米蘇里, ○일본어역 밀색리密素里】이다. 지리상 〈위치는〉 북위 36도 33분에서 40도 30분까지이고, 서경 88도 55분에서 95도 38분까지이다. 주도는 제퍼슨시티(자비신資肥新, Jefferson City)이고, 주요 도시는 세인트루이스(성래聖來, St. Louis), 캔자스시티(건사서巾斯庶, Kansas City), 세인트조지프(성색륙聖塞育, St. Joseph)이다.

아홉 번째는 오리건(아리건阿利搴, Oregon)【서양어음 어리건, ○중국어역 아리견阿利堅, ○일본어역 아렬근疴列根】이다. 지리상 〈위치는〉 북위 42도에서 46도 18분까지이고, 서경 116도 44분에서 124도 28분까지이다. 주도는 세일럼(석수錫秀, Salem)이고, 주요 도시는 엘긴(아리근阿利根, Elgin), 비버턴(발륜砵崙, Beaverton)이다.

열 번째는 캘리포니아(갈리포내아葛利布乃阿, California)【서양어음 갈늬포늬아, ○중국어역 가과니아加科尼亞, ○일본어역 가리복니加利福尼】이다. 지리상 〈위치는〉 북위 32도 20분에서 42도까지이고, 서경 114도 20분에서 124도 25분까지이다. 주도는 새크라멘토(사가만도斯加滿都, Sacramento)이고, 주요 도시는 샌프란시스코(산포란시시고珊布蘭是時古, San Francisco)【즉 상항桑港, 혹은 구금산舊金山이라고 부른다.】, 마이어스플랫(마리서울馬理庶鬱, Myers Flat), 오클랜드(옥륜屋倫, Oakland) 등의 항구이다. 모두 아시아주에서 상선이 통행하는 곳이며, 일찍이 멕시코(묵서가국墨西哥國, Mexico)에 속한 지역이었는데, 40년 전 미국이 이를 매입하였다.

열한 번째는 캔자스(간살서侃煞瑞, Kansas)【서양어음 킨사쓰, ○중국어역 감색사甘色士, ○일본어역 간살사干薩斯】이다. 지리상 〈위치는〉 북위 37도에서 40도까지이고, 서경 94도 40분에서 102도까지이다. 주도는 토피카(도기가都基加, Topeka)이고, 주요 도시는 로렌스(리분가서利分嘉庶, Lawrence)이다.

열두 번째는 네브래스카(니불래석가尼佛來錫迦, Nebraska)【서양어음 늬부뤄셔카, ○중국어역 니불랍사격尼不拉士格, ○일본어역 니불랍사가尼不拉斯加】이다. 지리상 〈위치는〉 북위 40도에서 43도까지이고, 서경 94도 34분에서 104도까지이다. 주도는 링컨(잉건仍搴, Lincoln)이고, 주요 도시는 오마하(오마하五馬河, Omaha), 부리완夫利完이다.

열세 번째는 네바다(립와다立渦多, Nevada)【서양어음 늬봐다, ○중국어역 니화대尼華大, ○일본어역 니파태尼波太】이다. 지리상 〈위치는〉 북위

37도에서 42도까지이고, 서경 115도에서 120도까지이다. 주도는 카슨시티(거신토쯔, Carson City)이고, 주요 도시는 엘코(일고日古, Elko)이다.

열네 번째는 인디애나(인도아나印度亞那, Indiana)【서양어음 인듸아나, ○중국어역 영리안납英釐安納, ○일본어역 인도아나印度亞那】이다. 지리상 〈위치는〉 북위 37도 51분에서 41도 46분까지이고, 서경 84도 49분에서 88도 2분까지이다. 주도는 인디애나폴리스(인도아나호리서印度亞那濠里庶, Indianapolis)이고, 14개 노선의 기차(화차火車)가 교차하는 요충지이다.

무릇 11개 군郡(자치주, county)이 있다. 첫 번째는 컬럼비아(골름비아骨澟比阿, Columbia)【서양어음 골늠비아, ○중국어역 가륜미아哥倫米亞, ○일본어역 고륜비아古倫比亞】이다. 지리상 〈위치는〉 북위 38도 51분에서 39도까지이고, 서경 76도 58분에서 77도 6분까지이다. 즉, 미국 경기京畿 지역으로 워싱턴이 수도로 삼은 곳이다. 시내를 사이에 두고 제임스타운(저취탕貯翠宕, Jamestown)이라는 지명이 있는데, 미국인이 처음 수도를 만들 때 먼저 개척한 곳이다.

두 번째는 뉴멕시코(뉴묵서가紐墨西哥, New Mexico)【서양어음 누딕시고, ○중국어역과 일본어역도 모두 같다.】이다. 지리상 〈위치는〉 북위 31도 30분에서 37도까지이고, 서경 103도 2분에서 109도 2분까지이다. 산타페(선타비仙他非, Santa Fe)라는 도시가 하나 있다.

세 번째는 워싱턴(화성돈華盛頓, Washington)【서양어음 와싱돈, ○중국어역과 일본어역도 모두 같다.】이다. 미국의 수도와 같은 이름이며, 지리상 〈위치는〉 북위 45도 40분에서 49도까지이고, 서경 114도 4분에서 124도 32분까지이다. 서쪽으로 태평양 해안이 가깝고, 올림피아(아잉비아阿仍比阿, Olympia)라는 항구가 있다.

네 번째는 유타(유태宥太, Utah)【서양어음 유틔, ○중국어역 오대烏大, ○일본어역 우태宇太】이다. 지리상 〈위치는〉 북위 37도에서 42도까지이고, 서경 109도 3분에서 115도 3분까지이다. 부두로 솔트레이크시티(고호鹽湖, Salt Lake City), 오그던(옥륜屋倫, Ogden)이 있다.

다섯 번째는 몬태나(만타나滿他那, Montana)【서양어음 먼타나, ○중국어역 만단나滿單拏, ○일본어역 문다나지방門多那地方】이다. 지리상 〈위치는〉 북위 44도 24분에서 49도까지이고, 서경 104도에서 116도까지이다. 도시로는 보즈먼(부지나富支那, Bozeman),[60] 헬레나(지련나地連那, Helena)[61]가 있다.

여섯 번째는 와이오밍(와요명渦要明, Wyoming)【서양어음 와요밍, ○중국어역 회아명懷阿名, ○일본어역 화이아민華伊阿民】이다. 지리상 〈위치는〉 북위 41도에서 45도까지이고, 서경 104도에서 111도까지이다. 그 도시로는 샤이엔(새연賽煙, Cheyenne), 웨스턴(이은서돈伊隱庶頓, Weston)이 있다.

일곱 번째는 다코타(덕구타德具他, Dakota)【서양어음 더쿠타, ○중국어역 타가대吥哥大, ○일본어역 달가태達加太】이다. 지리상 〈위치는〉 북위

---

[60] 발음이나 도시 규모로 보즈먼으로 추측되지만 확실하지 않다.
[61] 발음이나 도시 규모로 헬레나로 추측되지만 확실하지 않다.

42도 20분에서 49도까지이고, 서경 96도 20분에서 104도까지이다. 도시로는 양크턴(연돈煙頓, Yankton)이 있다.

여덟 번째는 아이다호(아이다호阿伊多濠, Idaho)【서양어음 아이다호, ○중국어역 의타하衣打賀, ○일본어역 이달보伊達保】이다. 지리상 〈위치는〉 북위 42도에서 49도까지이고, 서경 111도 2분에서 117도 4분까지이다. 도시로 보이시(배서시대杯庶是大, Boise)가 있다.

아홉 번째는 애리조나(아리수나亞里秀那, Arizona)【서양어음 아리슈나, ○중국어역 아리손나亞里孫拏, ○일본어역 아리색나亞里索那】이다. 지리상 〈위치는〉 북위 31도 30분에서 37도까지이고, 서경 109도에서 117도 15분까지이다. 도시로는 투손(두신豆臣, Tucson)이 있다.

열 번째는 인디애나(인도지방印度地方, Territory of Indiana)【서양어음 인듸아테리토리, ○일본어역은 같다. ○중국어역 야번부野番部】이다. 지리상 〈위치는〉 북위 33도 35분에서 37도까지이고, 서경 94도 20분에서 100도까지이다. 이곳은 모두 원주민이 거주하는 곳이며, 점점 인성人性을 깨달아 귀화한 숙번熟蕃[62]이 8000여 명이다.

열한 번째는 알래스카(알라사가戞羅斯加, Alaska)【서양어음 알나사까, ○중국어역 아랍사격阿拉士格, ○일본어역 아랍사가亞臘斯加】이다. 지리상 〈위치는〉 북위 54도 40분에서 71도 24분까지이고, 서경 130도 21분에서 166도 13분까지이며, 북쪽 경계는 북빙양北氷洋이고, 남쪽 경계는 태

---

[62] 숙번은 구시대에 귀순하거나 비교적 많이 발전한 소수민족을 가리키는데, 여기에서는 귀화한 인디언 혹은 원주민으로 파악하였다.

평양이다. 미국과 서로 이어져 있지 않고 먼 변방에 따로 떨어져 있는데, 러시아에게 구입한 것이다. 날씨는 춥고 땅은 척박하며, 이곳에 원주민이 사는데, 〈원주민의 수는〉 그리 많지 않다.

주마다 각각 정·부통령과 각 부 관리가 있는데, 미국 정부와 똑같은 규칙으로 모두 국민이 선거한다. 군郡(자치주)마다 역시 각각 통령統領이 있는데 정부가 파견하며, 그 아래의 각 관리는 역시 국민이 선거한다. 주·군의 정법政法은 비록 정부가 정한 규례規例를 따르지만, 간혹 풍토나 풍습으로 인하여 같지 않은 경우도 있다.[63]

---

[63] 박정양은 미국 영토의 크기에 관심을 나타냈다. 실제로 박정양은 6일간(1888. 1. 4~9) 대륙횡단열차를 타고 샌프란시스코에서 워싱턴으로 가면서 미국이 거대한 나라라는 사실을 실감하였을 것이다. 박정양이 《미속습유》의 여러 항목 중 '토지개척 및 주군'에 가장 많은 지면(16항)을 할애하면서 36주를 일일이 소개한 것도 궁극적으로 영토가 매우 넓음을 암시해주는 것으로 판단된다. 박정양은 각 주마다 경도와 위도로 위치를 표시하고 주요 도시를 거명하는 한편, 주의 명칭을 '서양어음'·'중국어역'·'일본어역'으로 표기함으로써 독자가 이해하는 데 편리하도록 하였다.

인종人種

인종은 4가지 피부색의 인종이 있다. 백인종은 유럽인의 후예이며, 그 수가 가장 많고, 또 지식과 총명함, 재능을 갖추었다. 그러므로 자주自主하여 미국 내에서 상등의 권리를 갖는다. 흑인종은 아프리카주(아비리가주阿非里加洲, Africa), 인도印度 등 나라 사람의 후예이며, 그 수는 두 번째이다. 옛날에는 모두 노예로 백인종의 노복奴僕이었으며, 비록 수십 년 전에 노예 신분에서 벗어나 평민과 같은 지위가 되었지만, 재주와 지혜가 없고 어리석으며 예전의 풍습에 젖어 아직 자주의 권리를 얻지 못하였다.[64]

홍인종은 본토의 야만적인 원주민(야번野番) 후예이며, 궁벽한 지역에 살면서 의복과 음식을 본래 자신들 풍습대로 하고 살면서 귀화하지 않는다. 〈그래서〉 미국 인민이 모두 금수처럼 여긴다.

---

[64] 박정양은 남북전쟁 당시 북당이 "흑인은 본래 아프리카주의 인도인종인데, 미국이 돈을 치르고 사 와서 노예(노복奴僕)로 삼고 일을 부려먹었으며, 그 자손도 대대로 노예로 삼았다. 현재 흑인종이 나라에 두루 차서 그 많이 퍼진 것이 백인종에 못지않다. 그리고 하늘이 이러한 백성을 내리면서 평등하였지, 인종을 어찌 흑백으로 나누어 대대로 노예로 삼는가, 결코 상리常理가 아니다. 또 화기和氣의 성쇠와 관련되니 마땅히 면속을 허용하여 평민과 동일하게 하고, 역시 재능에 따라 등용되어야 한다"고 주장하였다고 기록해 두었다. 《미행일기》, 1887년 12월 29일 자.

잡종은 혹 백인 아버지와 흑인 어머니 사이에서 태어난 경우도 있고, 혹 흑인 아버지와 홍인종 어머니 사이에서 태어난 경우도 있어서 그 〈피부〉색이 백인도 아니고 흑인도 아니며 홍인종도 아니다. 백인 아버지와 흑인 어머니 사이에서 태어난 자의 권리는 흑인종보다 높은 위치에 있고, 흑인 아버지와 홍인종 어머니 사이에서 태어난 자의 권리는 도리어 흑인종보다 낮은 위치에 있다.

인구조사는 각 주에서 해마다 이를 엄격히 실시하고, 정부는 10년마다 한 번 총조사한다. 1870년 총계를 보면, 남녀 인구는 백인종 3359만 2245명이다. 흑인종은 488만 6387명이고, 원주민과 잡종으로서 귀화하여 세금을 납부하고 호적에 등재된 자는 2만 5731명이다. 이주하여 일정한 생업을 가진 청국인은 6만 8254명이다. 1880년 총계를 보면, 인구는 합해서 5015만 5783명이다. 그 가운데 백인종은 4340만 2970명, 흑인종은 658만 793명, 원주민은 6만 6407명, 청국인은 10만 5613명이다. 이 밖에 백인종과 흑인종으로 다른 나라에서 새로 들어와 호적에 등재되지 않은 자, 원주민 가운데 아직 귀화하지 않은 자, 그리고 청국인으로 여기저기 다니면서 일정한 생업을 갖지 못한 자는 이 수치에 들어 있지 않다.

대체로 이 나라는 새로 개척해서 땅은 넓고 사람은 적으며, 풍속이 순박하고 정치는 관대해서 각국의 인민이 날마다 증가하여 해마다 본토에서 생산에 종사하는 자 외에 다른 곳에서 흘러들어와 머무는 자를 합치면 백만 명이 넘으므로, 앞으로 얼마나 그 숫자가 늘어날지 헤아릴 수가 없다.

국헌國憲

국헌(헌법)에는 3대권大權이 있다. 첫 번째는 입법권으로 원로원(상원)과 민선원(하원)의 양원兩院이 이를 관장한다. 무릇 전국의 각종 세액稅額을 증감하거나 법률과 조규를 혁파하거나 〈새로〉 만드는 일은 반드시 민선원에서 발의, 획정하여 원로원에 상정한다. 원로원은 그 가부를 살펴본 후 반대하면 다시 의논하고, 찬성하면 대통령에게 올린다. 대통령은 의견이 양원과 서로 부합하면 즉시 인정, 시행하고, 반대하면 다시 논의하도록 한다.

두 번째는 행정권으로 대통령이 이를 관장한다. 양원이 의논하여 정한 정법政法을 시행하는 것이다.

세 번째는 사법권으로 재심원裁審院이 이를 관장한다. 무릇 양원을 거쳐 의논하여 정한 법률은 모두 재심원이 맡아 재판을 관할하게 된다. 비록 대통령이라 할지라도 규칙을 어기고 법을 지키지 않으면, 재심원에서 논박하여 출척黜陟하므로 그 권한이 매우 무겁다.

각각 권한이 정해져 있어 입법원은 행정권과 사법권의 논의에 관여하지 못하며, 사법의 관리 역시 감히 함께 입법권과 행정권의 논의에 관여하지 못한다. 현재 〈통치구조는〉 8부部 3원院으로 나누어

설치되어 있다.[65]

　3원은 재심원·원로원·민선원이며, 모두 국회당 안에 설치되어 있다. 8부는 국무부國務部·호부戶部·육군부陸軍部·해군부海軍部·내무부內務部·체신부遞信部·농무부農務部·형부刑部이다. 이들은 모두 대통령을 보좌하고 행정권을 분장하므로 모두 대통령 관사 근처에 있다. 대통령 이하의 연봉은 각각 정해진 규식이 있다. 대통령은 매년 5만 원, 부통령은 1만 원, 재심원의 장관은 1만 5000원, 8부 장관은 각각 8000원, 상·하의원의 회원은 모두 6000원, 재심원 차관과 각 부 차관은 위로 6000원부터 아래로 4500원이며, 그 외 소속 관리 등은 위로 2000원부터 아래로 500원까지 동일하지 않다.

---

[65] 박정양은 미국에서는 입법·행정·사법의 3권이 엄격히 분립된 제도하에서 정치기관들이 각각 고유의 업무를 수행하는 동시에 서로 유기적인 관련을 맺으면서 통치구조를 형성하고 있음을 파악, 소개하였던 것이다. 이는 박정양이 국무부와 국회당 등을 직접 방문하면서 파악한 데 근거를 둔 것이기도 하다. 《종환일기》, 《박정양전집》 2, 아세아문화사, 1984, 1887년 11월 27일 자; 《미행일기》, 1888년 1월 2일 자.

민선원民選院

민선원은 이른바 하의원下議院이다. 의원은 각 주의 민회民會에서 추천하는데, 사람마다 모두 추천할 수 있는 권리를 가지지는 못한다. 반드시 남자로 스물한 살이 넘으면서 토지세를 납부하고 일정한 재산이 있는 자가 선거권을 가질 수 있으며, 반드시 스물다섯 살 이상으로 본토에 7년 이상 거주한 자가 선출될 수 있다. 각 주마다 〈의원의〉 수가 정해져 있지는 않고 9만 3500명마다 1명을 뽑는다. 혹 1주에 2~3명, 혹 4~5명인데, 그 지방의 크고 작음과 인민의 많고 적음에 따른다. 그러므로 해가 갈수록 늘어나서 현재 의원은 300여 명이다. 임기는 매번 2년으로 한정하는데, 해마다 12월에 해당 원으로 모두 가서 개회하며, 의원 가운데 공식으로 1명을 추천하여 의장으로 삼는다. 홀수 해에는 3월에 폐회하고, 짝수 해에는 6월에 폐회하는데, 혹 뜻밖의 급한 일이 있으면 폐회가 여러 달 미뤄지기도 하는데 이는 규정이다.

무릇 정령·법률·조세 등 각종 다양한 법률을 제정하는 것과 각국과의 통상·교섭·사절 파견·사절 접수의 가부는 먼저 민선원에서 따지고 의논하여 초안을 작성한 다음 원로원으로 보내며, 원로원에서 인가한 뒤 대통령에게 올린다. 대통령과 양원의 의견이 서로 맞

은 후에 좇아서 그대로 시행한다. 이는 한 국가 내에 법률을 제정하
고 국사를 의논하는 권한이 전적으로 민선원에 있기 때문이다.

원로원元老院

원로원은 이른바 상의원上議院이다. 의원은 각 주의 민회에서 그 주의 민회 의원 중에 명성과 덕망 있고 학식 있으며 서른다섯 살 이상으로 본토에서 9년 이상 거주한 자를 추천한다. 주마다 각각 2명을 추천하는데, 현재 38주에 모두 76명이 있다. 의장은 부통령이 관례에 따라 맡으며, 부통령이 결격사유가 생기면 원로원 의원 1명을 추천하여 뽑아 공석을 채운다. 의장과 의원의 임기는 모두 6년으로 한정한다.

3반班으로 나누어 입원入院한다. 가령 갑년甲年에 아무개 갑某甲人이 1반으로 입원하면, 을년乙年에 아무개 을이 1반으로 입원하고, 병년丙年에 아무개 병이 1반으로 입원하며, 정년丁年에는 또 아무개 갑이 1반으로 입원한다. 을·병반 역시 순서에 따라 입원한다. 반이 끝나고 임기가 차면 다시 새로운 반으로 바꾸는 것이다. 이 때문에 임기가 비록 6년이지만 실제는 4년이고, 임무를 보는 것은 2년에 지나지 않는다.

해마다 개회와 폐회 시기는 민선원과 같은 규례로 한다. 해마다 12월 첫 번째 일요일에 민선원의 의원과 한 차례 회합하여 함께 국가의 정책과 제도를 의논한다. 긴요한 사건이 있으면 혹 임시로 다시 회의한다. 대개 원로원 역시 나랏일을 논의하는 곳으로, 법률을 제정하고 정책을 논의하는 모든 일은 민선원과 동일하게 권한을 갖는다. 그러므로 국가의 대사는 모두 양원에서 결정하는데, 원로원이 민선원에 비해서 더욱 중요하다. 대통령이 행한 정사의 득실과 관리 채용의 가부 역시 반드시 원로원에 질의하여 인가를 얻은 후에 이를 시행한다.

재심원裁審院

재심원은 전적으로 미국 내의 법률·재판·심판권을 장악한다. 해당 관원(판사, 연방 대법관)은 모두 대통령이 간선簡選하는데, 사무에 능통하고 숙련되며 법학을 상세하게 이해하는 자를 지명하고, 원로원에서 의논하여 모두 찬성한 후에 그 직에 임명한다. 임기는 연한에 구애받지 않는 종신직이다. 재심원은 3등급으로 나누어진다.

첫 번째는 고등재심원이다. 재심관 9명을 두고, 9명 중에 한 사람을 추천해서 장관으로 삼는다. 무릇 범법犯法·옥송獄訟·쟁투爭鬪·재화財貨·윤리와 기강 등 범죄사건에 관련되는 일을 각각 나누어 맡는다. 해마다 12월 첫 번째 일요일에 한 차례 모여 안건을 심의한다. 비록 전원이 모이지 않아도 되지만, 만약 4명이 차지 않으면 재심裁審은 이뤄지지 않는다.

두 번째는 중등재심원이다. 별도로 9곳을 두어 국내 각 주를 나누어 관장하는데, 혹은 3개 주나 혹은 4개 주를 겸하여 〈하나의 중등재심원을 두어〉 묶어서 나누어 맡는다. 관원을 두어 관할하는데, 고등재심관 9명을 나누어 9곳의 장관으로 삼는다. 장관은 매년 두 차례 모여 심의한다.

세 번째는 하등재심원이다. 한 나라 내에 주·군의 수에 따라 배분하여 장소를 정하여 각각 하나의 하등재심원을 두는데, 그 지방의 크고 작음에 따라 혹 1주를 전적으로 관장하거나 혹 1개 주의 반을 나누어 관장한다. 해마다 네 차례 모여 심의한다.

심의가 공정하지 않으면 그 억울함을 당한 자가 이를 고등재심원에 항소하는 것을 허락한다. 중등재심원에서 억울함을 당한 자는 역시 똑같은 예에 따라 고등재심원에 항소하는 것을 허락한다.

각 주의 각 군에도 각각 해당 지방의 재심원이 있다. 다만 그 등급은 〈하등재심원과〉 비교하면 한 등급 낮지만, 그 규정은 하등재심원과 다름이 없다. 지방재심원은 단지 해당 지방의 재심을 통틀어 관할할 뿐이다. 재심하는 규칙은 해당 재심원이 파견한 관원 외에 별도로 율사律師(검사)·의원議員·공원公員 등 3가지 명칭이 있어서 각각 일을 나누어 맡는다. 무릇 율사는 법률학을 깊이 이해하고 사송詞訟을 맡아보며 관원을 대신하여 따져 묻는 사람이다.

의원과 공원 등은 민간인 중에서 청렴·공평·정직한 사람을 여러 사람이 추천하여 특별히 선발되며, 상·하 두 반班으로 나누는데 반마다 각각 12명이 있다. 이들은 재심원의 관원이 심리하는 것이 공평한지, 사사로운지를 살펴서 국민을 보호한다. 상반은 바로 의원으로 전적으로 의사議事를 주관하고 율사가 송사를 따질 때 심리에 참여하여 그 법리의 시비와 가부를 의논한다. 하반은 바로 공원公員으로, 전적으로 방청과 송사를 심리하는 것을 방청하여 곡직을 판단하는 것을 주관함으로써 송사한 국민이 옳은지 그른지를 보증한다.

가령 아무개 갑某甲과 아무개 을某乙이 서로 송사를 다툴 경우, 아무개 갑이 먼저 율사에게 가서 그 일을 고소하면 율사가 이를 듣고 피고 아무개 을을 체포한다. 의원들은 모여 의논해서 만약 재심할 가치가 없다고 판단하면 이를 물리치고, 과연 재심할 만하다고 판단하면 재심관에게 상고한다. 재심관이 나와서 중앙에 앉으면 율사는 갑·을 두 사람에게 따지고 묻는다. 의원·공원 등도 참여하여 듣는다. 두 사람 중에 혹 사리로 보아 옳은데 말로 표현하지 못하는 경우가 있으면 공원이 혹 그 사람을 대신하여 말하기도 한다. 율사가 따져 묻는 것을 마치고 사실을 알아내면 마침내 공원 등에게 "아무개의 죄는 아무개 법률문 아무개 조항을 범하였다"고 말하고 해당하는 형률을 정한다. 공원들이 물러나서 각각 죄안罪案을 써서 재심관에게 올린다. 재심관의 뜻이 이와 서로 부합하면 판결하고 그렇지 않으면 재심再審한다. 판결문이 완성되면 형부에 이송하며, 형부는 해당 법률을 살펴 죄를 정하여 징계한다.

무릇 범죄사건에 관계되는 한 군주와 국민, 관리를 똑같이 대우한다. 비록 현직 대통령이라도 조금도 용서하지 아니하며, 〈특정한〉 사람 때문에 법이 제대로 집행되지 않는 일이 없고, 공평하게 하기 위해 힘쓴다.

국무부國務部

국무부는 대통령을 보좌하는 행정부의 으뜸 부서이다. 장관은 1명, 차관은 3명이다. 장관은 대통령이 간선하고 원로원에서 결의한 후에 임명을 받는데 임기는 4년으로 한정한다. 차관 이하 부하 직원은 100여 명으로 이들은 모두 장관이 자신의 뜻대로 천거하여 대통령에게 보고하며, 원로원에서 결의한 후에 직책을 준다. 행정 각 부의 관제도 이와 동일하다.

대통령에게 보고하는 온 나라 안의 입법·행정·사법 등과 관련된 사안은 반드시 국무부에서 인준한 뒤 국무부가 대통령에게 보고한다. 또 대통령은 행정 업무 역시 반드시 국무부를 거쳐 시행한다. 각 부 관리와 각국에 파견하는 공사·영사의 문서는 반드시 국무부가 작성하여 발급하며, 대통령의 인장과 문서 등의 출납에 관련된 일체의 사무를 전적으로 관장한다. 또 각국과 교섭, 통상하며, 사절을 파견하고 접수하는 권한은 오로지 국무부를 거쳐 시행한다. 이로 말미암아 아시아주 사람들은 이를 혹 문서부文書部나 외무부로 번역하기도 하는데, 대체로 문서와 외교가 한 나라의 가장 중요한 사무이기 때문이다.

호부戶部

호부(재무부)는 한 나라 내의 재용財用을 전적으로 관장한다. 무릇 수입과 지출에 관련된 항목을 새로 만들거나 변경하는 일, 금액의 증감에 관련되는 일은 원로·민선 양원에서 조사, 결정하고, 호부는 단지 그 보존·출납의 권한을 갖는다. 대통령 이하 각 원과 각 부 관리의 월급은 매월 15일과 마지막 날에 두 차례로 나누어 지급한다. 매년 재용의 출납은 모두 그해 7월 1일부터 시작하여 그다음 해 6월 30일까지 예산, 결산하는데, 그 장부를 살펴 수입과 지출이 남거나 모자라는지를 비교한다.

한 해의 수입(항입恒入)은 각 항세港稅를 제1로 삼고, 지출(항출恒出)은 행정비와 해·육군비를 제1로 삼는다. 1886년 6월에 조사한 것을 근거하여 살펴보면, 수입은 3억 3643만 9727원이고, 지출은 2억 4248만 3138원이다.

1887년 6월 조사하여 마감한 바에 의하면, 수입은 3억 7140만 3277원이다. 그 가운데 각 항세가 2억 1728만 6893원, 국내의 각종 상업·면허 및 은행세가 1억 1882만 3391원, 인지印紙 수입이 3만 2892원, 토지세 및 관유지 판매가가 925만 4289원, 각종 잡세가 2600만 5815원이다.

지출은 2억 6793만 2180원이다. 그 가운데 입법·행정·사법 등의 비용은 8526만 4825원, 해군비는 1514만 1127원, 육군비는 3856만 1026원, 원주민 교육·보호 등의 비용은 619만 4523원, 군공軍功을 세운 사람에게 매년 지급하는 보상금 및 양로·빈민 구제 등의 비용은 7502만 9102원, 각종 잡비는 4774만 1577원이다.

해마다 수입과 지출을 비교하면 항상 여유가 있는데, 수천만 원이 넘는다. 이는 저축하여 호부가 국채國債를 상환하는 비용으로 삼는다. 국채는 현재 10억 8631만 5862원이다. 매년 이자는 1원당 적게는 3리厘에서 많게는 7리에 이른다. 7리는 무거운 이자이므로, 최근에는 먼저 상환해서 현재는 단지 3~4리의 이자를 지급하는 국채만 남아 있다. 이는 모두 20여 년 전 남북전쟁이 일어났을 때 발행한 것인데, 당시에는 합쳐서 20여 억 원이 넘었다. 지금으로부터 10여 년 동안 차례차례 상환하여 거의 반으로 줄었다. 그 가운데 6462만 3512원은 태평양철로회사의 채권인데, 이자는 매년 6리로 정하였다. 만약 태평양철로회사의 수입이 그해의 이자를 충당하기에 부족하면 정부가 자금을 출연하여 이자를 갚는 데 보태준다. 만약 또 철로회사가 번창해서 〈수입이〉 6리의 이자액을 넘기면, 그 채권의 본액을 상환한다.

이른바 국채는 본래 외국에게 진 것이 아니고, 모두 국내의 상회·인민에게 진 빚이다. 정부가 채권을 만들어 발급하면 상회·인민이 그 본액 및 이자의 많고 적음을 살펴보고 혹 서로 사고판다. 해마다 그 이자를 취하는데, 우리나라에서 토지를 두고 세를 거두는 것이나 마찬가지다. 인민마다 이 채권을 중요한 보물로 여겨 사기를 원하는데 쉽게 얻을 수가 없다.

또 정부가 해마다 이자를 상환하는 금액은 해마다 지출하는 고정 비용에 모두 포함되어 있다. 겉모습으로 살펴보면 비록 국채라는 명목은 있지만, 자세하게 실상을 들여다보면 채권 장부라고 부를 수 없다. 따라서 금년 국회에서는 해마다 수입액이 지출액에 비교해 남는다고 여겨 바야흐로 내지內地의 각종 세금을 감액하자는 논의가 있다. 이 나라의 부富가 천하에서 으뜸이기 때문이다.[66]

---

[66] 박정양은 미국 정부의 세출입 항목을 분석한 뒤 세입액이 세출액을 항상 초과할 정도로 재정이 넉넉하여 국회에서 감세 논의가 일어날 만큼 국부國富가 세계 최고라는 결론을 내리고 있다. 이는 자신의 미국 파견 목적 중의 하나가 부산·원산·인천 등 3대 항구의 관세를 담보로 미국으로부터 200만 원의 차관을 도입하는 데 있었기 때문에, 무엇보다도 미국의 재정 상태를 파악하는 데 열의를 보인 듯하다. 《미행일기》, 1887년 12월 29일 자.

美俗拾遺
미속습유

육군부陸軍部

육군부는 군정軍政(융정戎政)을 전적으로 관장한다. 그 군대의 수효數爻와 비용을 증감하는 일은 마땅히[67] 상·하 의원에서 조정하고, 육군부의 관리는 대통령이 □□군무의 행정을 돕는다.[68] 군대를 통솔하는 임무는 군대 대오 중에 나이를 따지고 재능을 비교하여 가려 뽑아서 장수로 삼는데, 대장·대위·사관士官의 직책이 있다.

현재 상비군의 수는 기병騎兵이 10개 연대인데, 사관 435명, 병정 1만 949명이고, 그중에 2개 연대는 흑인 병사로 편성되어 있다. 보병은 25개 연대인데 사관 877명, 병정 9375명이다. 그 가운데 2개 연대는 흑인 병사로 편성되어 있다. 포병은 5개 연대인데 사관 230명, 병정 2490명이다. 그 밖에 순요병巡徼兵 600명, 관기병管旗兵 400명, 영조병營造兵 400명, 영여정另餘丁 836명, 무비학도武備學徒 310명이 있다. 이는 모두 정부가 정해 놓은 병사 수이다. 나이는 18세부터 45세까지 한정하며, 한 사람의 병졸이라도 〈18세부터 45세까지의 연한보다〉 나이가 많거나 어린 사람이 없도록 한다. 국내의 각 진대

---

[67] 대본에는 '宜□'으로 되어 있는데, 문맥을 살펴 번역하였다.
[68] 대본에는 '協贊大統領□□軍務之行政'으로 되어 있는데, 결자는 번역하지 않았다.

鎭臺에 나누어 지키게 한다. 진대에는 각각 천문대天文臺·군의원軍醫院
이 있으며, 매일 조련하는데 늘 적과 맞서 전진戰陣에 임하듯이 한다.
워싱턴에는 현재 군사가 300명을 넘지 않는다. 대개 정부를 설립하
면서 병사는 너무 많기를 바라지 않아 3만 명을 넘을 수가 없다.

　이 외에 또 민병이란 것이 있다. 전국 내에 인민은 각각 해당 지방
에 회사會社를 설립하고 민民을 뽑아 양병養兵한다. 정부로부터는 조
금도 지원을 받지 않는다. 다만 매년 한 차례 훈련 때 식사를 제공받
을 뿐이다. 그 연습하는 바의 정예로움은 정부병政府兵과 차이가 없
다. 통계에 따르면 한 나라의 태반이 이러한 병사들인데, 만약 국가
가 난을 당하면 한마음으로 힘을 합하여 뜻밖의 사태에 대비한다.
이는 이른바 병력 수급을 인민에게 의지한다는 것이다.[69]

　정부가 병사에게 지급하는 급여는 아래로 13원부터 시작하여 군
적에 들어간 지 2년이 지나면 1원을 더해주며, 해마다 더해주는데
위로 30원이 되면 멈춘다. 의복과 식사 등은 군에서 〈마련하여〉 지

---

[69] 박정양은 육군차관의 안내로 워싱턴의 군부대를 방문하여 육군의 훈련 모습을 보았
을 뿐 아니라 부대장에게 군대의 규모와 운영 상황을 들은 적이 있었다. 이를 통해
박정양은 미국의 정규군은 그 수가 많지 않지만 주마다 민병을 양성하여 국난이 일
어났을 때 일치단결할 수 있는 태세를 갖춤으로써 국방력이 강하다고 파악하였다.
이처럼 박정양이 강병의 원인을 민병 양성에서 구한 것은 당시 조선의 재정이 미약
했을 뿐 아니라, 수도 서울에 청군이 주둔하여 위세를 떨치고 있었던 현실과 무관하
지 않았으리라 생각된다. 박정양이 고종에게 복명할 때, 군사제도에 대해 《미속습
유》의 내용과 거의 똑같이 언급한 뒤 그 결론을 미국의 민병제도를 통해 "나라를 위
하는 마음에는 관과 민의 차이가 없다"는 점을 구태여 강조했던 것도 동일한 이유에
서 나왔다고 판단된다. 《미행일기》, 1888년 3월 23일 자; 〈박정양 복명문답〉.

급한다. 복역한 지 30년이 차면 제대하며, 비록 평민이 되더라도 죽을 때까지 전례에 따라 월봉 30원을 보상해준다. 이는 대개 군사를 중요하게 여겨 우대하는 뜻이다.

해군부海軍部

해군부는 해군 사무를 전적으로 관장한다. 관리의 업무 처리는 육군부와 동일한 예로 한다. 별도로 총독總督을 두어 이를 통솔한다. 병사 수의 많고 적음은 군함으로 이를 헤아린다. 전국 내의 조선국造船局은 10곳이다. 현재 1등선 5척, 2등선 27척, 3등선 29척, 4등선 6척이며, 모두 증기선이다. 그 나머지는 목조 범선帆船 22척, 철갑전선鐵甲戰船 24척, 수뢰 포선水雷砲船 2척, 작은 견인선牽引船 30여 척이다. 배마다 각각 이름이 있다.

용적량을 보면, 무거운 것은 혹 3000~4000톤이고, 가벼운 것은 혹 400~500톤이다. 대포는 대부분 30~40개인데, 적어도 10여 개를 밑돌지 않는다. 배마다 함장 1명이 있어 〈배를〉 관할하고 통솔한다. 그다음은 사관으로 각각 직임이 있으며, 병정은 많게는 400명이고 적어도 40명에 이른다. 혹 200명이나 300명으로 동일하지 않은데, 100명이나 150명인 경우가 대부분이다.

현재 통계를 보면, 사관과 기계수機械手·수부水夫 등의 인원은 1111명, 해군 7500명, 별비군別備軍 2028명이다. 학교 한 곳이 있는데, 반드시 먼저 학습하고 재능을 시험한 후에 응모할 수 있다. 〈해군은〉 모두 각 해도海道와 각 항구에서 혹 순시하거나 정박하여 지키면서 매일 두 차례 연습한다. 또한 〈미국과〉 통상하는 각국의 각 항구에 파견되어 영사와 공사를 보호하고 뜻밖에 생기는 일에 대비한다. 3년마다 돌아가면서 교체하는데, 각국의 대소·강약·상무商務의 번창 여부와 다소를 살펴 선호船號의 등급을 정해 파견한다. 우리나라에는 매번 2등선을 보내는데, 〈2등선의〉 병사 수는 약 300명이다.

내무부內務部

내무부는 국내의 토지 측량·호구 조사·이정里程 계산·도로 수축·
공업 권장·원주민 정책 등의 사무를 전적으로 관장한다. 무릇 개
간한 토지나 아직 개간하지 않은 토지 모두 내무부에 예속되어 있
어서 〈토지의〉 등급을 정하고 경계經界를 나눈다. 토지에 살면서 경
작하는 인민이 만약 내무부의 문서가 없으면, 제멋대로 소유하는
것을 허락하지 않는다. 호구는 각 해당 주와 군이 해마다 조사하며,
10년이 되면 내무부에서 전부 조사한다. 이정은 아무개 땅에서 아
무개 땅까지 그 원근을 계산하고, 5280피트(영척英尺, feet)를 1리里로
삼으며,[70] 혹 도표圖表를 만들어 간행함으로써 인민이 빠짐없이 정
확하게 알도록 한다. 도로는 육지의 철로·교량·바다의 등대·부표
浮標는 모두 측량하고 계산한다. 그 비용은 비록 호부에서 대지만,
측량과 계산은 내무부에서 맡아 담당한다.

공장工匠(기술자)이 새로 제조한 물품이 만약 세계에서 〈최초로〉
발명한 것이면 반드시 그 본품本品을 내무부에서 시험하며, 내무부

---

[70] 1피트는 30.48cm이므로, 5,280피트는 1,609.34m이다. 즉 1리는 약 1.6km 정도의
거리이다.

미美
속俗
습拾
유遺

가 특별히 특허증(전매문빙專賣文憑)을 주고 기간을 정해 다른 사람이 모방하여 〈만들어〉 마음대로 파는 것을 허락하지 않고 그 이익을 독차지하게 해준다. 이 때문에 마치 물이 아래로 흐르는 것처럼 당연하게 국민들이 이익을 추구한다.

무릇 한 사람이 깊이 연구하고 기술을 다하여 물건을 만들면, 또 다른 사람이 새것을 창조하여 다르게 제조해서 더욱더 정밀해지고 아름답게 만드는 데 힘쓴다. 대개 이 나라의 재예才藝가 날로 진전하고 기계가 날로 나아지는 것은 내무부가 권장한 효과에서 비롯되지 않은 것이 없다. 그리하여 내무부는 공장들이 시험한 본품을 많이 모아두고 이를 비교한다. 박물원博物院이 매우 많은데, 모두 인민이 수시로 즐겨 구경하도록 한다. 이 역시 견문을 넓히며 정교한 재주를 깨닫도록 가르치려는 의도이다.

원주민은 야만 부락이며, 옛날에 외진 지역에서 바깥사람들과 소통하지 않고 미국의 정령政令을 따르지 않으며, 사람을 죽여서 먹고 동굴을 파서 살며, 문자나 옷도 없어서 인류와 같지 않았다. 내무부가 특별히 주의하여 정책을 펼치면서 성심껏 우대하여 혹 학교를 만들어 교도하거나 혹 재물을 내어 생활을 구제함으로써 최근에 들어 점차 미국의 체제 안으로 들어오고 있다. 숙번熟番과 생번生番이라는 명칭이 있다. 숙번은 조금 인도人道를 이해하고 점차 귀화한 자이고, 생번은 예전의 모습을 따르면서 변하지 않는 자이다.

체신부遞信部

체신부는 한 국가 내의 전신傳信 사무를 전적으로 관장한다. 각 지방에 우체국을 설치하여 무릇 정부의 공문(공보公報)과 개인의 서신(사함私函) 및 관리와 상인 등 국민이 서로 왕복하는 데 관계되는 것은 반드시 체신부의 대조와 조사를 거쳐야만 한다. 편지를 보내고 받는 데 일정한 규례가 있다. 편지 한 통마다 무게를 재는데, 국내에는 거리의 원근을 계산하지 않고 모두 무게 반半 아운스(아운亞雲, ounce, oz)[71]【서양어음 아운】마다 2전錢을 세금으로 거두며 1아운스에는 4전을 세금으로 거둔다. 미국의 1아운스는 우리나라 약칭藥秤으로 7전 5푼쭝에 해당한다. 외국에 보내는 것은 반 아운스마다 10전을 세금으로 거두는데,[72] 그 무게를 헤아려 무게에 따라 더한다.[73]

---

[71] 아운스ounce는 현재 일반적으로 '온스'라고 부른다. 1아운스는 약 28.35그램이다.

[72] 대본에는 '每半□□□□□□□□□□□鈔十錢'으로 중간에 11자가 결락되었다. 앞의 문맥을 살펴 일부를 보충하여 번역하였다.

[73] 박정양은 일본을 경유할 때부터 이미 전보로 직접 중요 사항을 조선의 국왕 혹은 정부대신, 주일조선공사 등에게 보고하거나 명령을 받는 등 연락을 취하였다. 아울러 박정양은 가족들과도 수시로 편지를 주고받았다. 《종환일기》, 1887년 10월 5일 자; 10월 6일 자; 10월 25일 자; 11월 20일 자; 11월 26일 자; 12월 4일 자; 《미행일기》, 1887년 12월 28일 자; 1888년 1월 1일 자; 1월 14일 자; 2월 8일 자; 2월 19일 자; 3월 6일 자; 3월 12일 자; 3월 22일 자; 3월 23일 자; 5월 11일 자; 5월 12일 자;

美俗拾遺
미속습유

또 증세證稅(등기 우편)라는 것을 받는 것도 있다. 가령 어떤 사람이 우편물을 반드시 우체국에서 대면하여 전하기를 요구한다면, 원래의 세금 외에 별도로 10전을 세금으로 내면 그 우편물을 직접 수령하였다는 증서를 받는다. 이 외에 면세엽서免稅葉書·편지를 동봉한 소포(대서우물帶書郵物) 등을 보내는 규정은 그 예가 같지 않은데, 모두 우편 요금에 해당하는 돈을 내고 인쇄된 인지를 사서 붙인다.

육지의 기차와 바다의 증기선은 비록 각각 해당 회사의 소유이지만, 역시 체신부에 예속되어서 전신傳信에 활용한다. 또 각 전신국電信局 역시 체신부가 관할한다. 국내는 영어 10구를 1음신音信으로 삼는데, 그 지방의 원근에 따라 그 세액의 많고 적음이 다르다. 100마일(영리英里, mile) 거리에 1음신을 보내는 세금을 10전으로 정하였다. 외국은 영어 1구를 1음신으로 삼는데, 각 구화句話가 10자마字碼(글자)를 넘을 수 없다. 만약 영어가 아닌 경우에는 3자마를 1음신으로 간주하고, 거리를 헤아려 세액이 달라진다.

우편과 전신은 모두 유럽과 아시아 각국과 연락이 서로 접한다. 1884년간의 상황을 살펴보면, 전국 내 체신분국은 4만 8000여 곳, 전선電線은 16만 4000마일이다. 또 전화기電話機가 있어 회사를 설립

5월 13일 자; 5월 15일 자; 6월 3일 자; 6월 8일 자; 6월 9일 자; 6월 13일 자; 7월 15일 자; 7월 16일 자; 7월 20일 자; 7월 21일 자; 7월 23일 자; 7월 24일 자; 7월 28일 자; 7월 29일 자; 8월 4일 자; 8월 17일 자; 8월 19일 자; 8월 26일 자; 9월 3일 자; 9월 7일 자; 9월 10일 자; 9월 24일 자; 9월 25일 자; 9월 26일 자; 10월 4일 자; 10월 7일 자; 10월 8일 자; 10월 9일 자; 10월 15일 자; 10월 24일 자.

하였는데, 전화로 연락聯絡하는 길이는 9만 6000마일이며, 모두 날마다 늘어나고 있다고 한다.

美俗拾遺
미속습유

농무부農務部

농무부는 비록 호부의 관할 아래 있지만, 그 업무는 매우 많아서 역시 장관 1명과 차관·부하 직원들이 있는데, 〈직제 등은〉 각 부와 동일하다. 무릇 인민의 삶을 윤택하게 하는 농상農桑 등에 관련된 사무는 모두 농무부에 속한다. 국내 각 지역 토지의 품질이 비옥한지와 천하의 각종 곡식 종자의 성질이 습한 토양에 적합한지, 건조한 토양에 적합한지 살피고 조사하여, 먼저 농무부에서 거두어 모아 분류하여 토질을 비교하고 곡식 종자를 시험한다. 그 후에 어떤 종자는 어느 토질에 적합하고 〈파종한 지〉 며칠 만에 싹이 나고 얼마 동안 자라는지 등을 별도로 책에 기록해 두었다가 우편으로 인민에게 널리 알리거나 혹은 신문으로 전국에 간행한다. 만약 어떤 종자를 외국에서 처음 구해 오면, 역시 반드시 시험한 후에 널리 퍼트린다. 이 때문에 인민이 농사짓는 것이 매우 편리하고, 이익을 얻는 것이 더욱 많아진다.

또 단지 곡식 종자뿐만 아니라 무릇 농업 기계 및 채소, 과일, 양잠, 목면木綿, 목재, 금과 은, 탄광, 소와 말, 개와 양, 어업과 염전 등 인민에게 이익이 되는 것은 그렇게 하지 않는 것이 없다. 대개 미국이 여러 해 동안 풍년이 들어 풍요로움이 날이 갈수록 향상하는 것

역시 일찍이 농무부가 권장하고 가르쳐 지도하는 데서 비롯되지 않은 것이 없다.[74]

---

[74] 박정양은 농무부를 방문하고 각종 곡식과 채소, 종자 등을 재배하고 시험하는 광경을 목격하였다. 《미행일기》, 1888년 3월 27일 자.

형부刑部

형부는 경찰·징역 등의 사무를 전적으로 관장한다. 법을 어기거나 금제禁制를 어기는 행위를 염탐하여 체포하는 것, 재산을 다투는 인민이 고소하는 것에 관련된 일은 모두 재심원이 판결한 뒤, 형부는 단지 결정된 재판의 결정에 따라서 시행하기만 한다.

대개 미국의 법률은 본래 〈조선과 달리〉 장형杖刑, 태벌笞罰, 도형徒刑, 유형流刑의 형벌이 없고, 단지 3가지만 있을 뿐이다.

첫 번째는 사형이다. 범죄가 매우 중대하여 용서할 수 없는 자는 반드시 기계를 사용하여 삽시간에 목숨을 빼앗는다. 두 번째는 벌금이다. 범죄의 경중輕重에 따라 금액의 다과를 정하는데, 많게는 1000원부터 적게는 5원까지이다. 세 번째는 징역이다. 만약 범죄인이 벌금을 낼 수 없으면, 그 금액의 다과에 따라 징역 기간을 정한다. 위로는 종신終身부터 혹 수십 년이고, 아래로는 2~3일까지 각각 등급이 나뉘어 있다. 매일 그 노역하여 받은 일당에서 수감 생활에 드는 비용을 제외하고 나서 남는 돈을 벌금으로 충당하며, 금액이 차면 석방한다.

형법은 인민에게 착한 일을 권장하며 악한 일을 징계하고 교도하여 선량한 사람이 되게 하려는 것이다. 만약 죄를 다스리는 과정에서 잘못 사람의 목숨을 상하게 한다면, 이는 교도하려다가 도리어 사람에게 해를 입히는 것으로 하늘의 이치에 어긋나고 화기和氣를 손상시키는 것이다.

이 때문에 거처와 음식 등의 일을 신중히 하는 데 지극히 힘을 쓴다. 감옥은 몇 천 칸이나 되는데, 막힘이 없이 툭 트여 있고 정결하다. 그 안에 화원花園과 운동장 등을 설치하여 죄인으로 하여금 틈날 때마다 그곳에 가서 마음이 상쾌해지게 하도록 하며, 단지 담장을 설치하여 도망하지 못하도록 할 뿐이다. 또 감옥 안에 의사(의원醫員)를 두고 약재를 많이 갖추어 병구완을 하며, 고금古今의 서적을 많이 모아서 죄수들이 노역을 하고 남는 여가에 읽을 수 있게 한다. 남자와 여자는 따로 가두고 그들이 하는 노역도 동일하지 않다. 또 여자간수(옥관獄官, 교도관)를 두어 전적으로 여자 죄수들을 관리한다. 이로 말미암아 감옥이 비록 크지만 인민들은 도리어 작다고 여기며, 법이 비록 번다하나 인민들은 가혹하다고 생각하지 않는다.

봉교奉教

봉교, 즉 신봉하는 종교는 크리스트(야소耶蘇, 예수)가 가장 많으며, 그 나머지는 천주天主·유태猶太 등으로 〈이들은 모두〉 유럽에서 신봉하는 것이다. 각 종교는 모두 인민이 자기 뜻에 따라 자유롭게 선택하도록 하는데, 다만 종교의 종류가 지나치게 많지는 않다. 1880년의 조사를 살펴보면 전국 내에 천주교회(야소구교회당耶蘇舊教會堂)가 5975개, 개신교회(야소신교회당耶蘇新教會堂)가 8만 6132개이다.

무릇 교회(회당會堂)는 그 종교를 믿는 사람들이 회사를 만들고 돈을 함께 모아 처치(저취당貯翠堂, church)【즉 회당會堂이다. 서양어음 져취】를 짓는다. 일요일마다 남녀 수백 명이 다투어 교회에 간다. 거기에서 목사(교사教師) 몇 명이 성경을 낭독하고 설교하는데, 사람들은 숨을 죽이고 조용히 청취한다. 그 내용은 모두 선을 권하고 악을 징계하여 선으로 이끄는 규범이다.[75]

---

[75] 박정양은 미국에 있는 동안 장례식에 참석하기 위해 적어도 세 차례나 교회에 간 적이 있었으며, 부활절 축제를 구경하기도 하였다. 그래서 위와 같이 그는 미국인들이 대부분 개신교를 믿으며 종교의 자유가 있음을 잘 파악하고 있었다. 특히 그는 개신교의 교리에 대해서는 구체적으로 언급하지 않았지만 '권징도선의 규범'으

교육 한 가지 일은 정부가 가장 힘을 기울이고 있어서 위로는 도都·
부府로부터 아래로는 주·군·마을(여항閭巷)에 이르기까지 학교를 설
립하였는데, 학교는 대·중·소 3등급으로 나뉘어져 있다. 남녀 모두
6~7세가 되어 겨우 말을 이해하게 되면 소학교에 들어간다. 〈학생
은〉 여기서 3년간 공부하고 졸업하여 교사로부터 〈졸업〉증서를 받
은 후에야 중학교에 들어가는 것을 허락한다. 여기서 또 3년간 공부
하고 나서 졸업증서를 받아야 비로소 대학교에 들어가 4년 만에 졸
업한다.

그 학업에 따라 과목이 있는데, 천문·지리·물리·사범師範·정치·
의업醫業·수학(측주測籌)·농·상·공·기계·광무鑛務·광光·화학 및 해
군과 육군의 병학兵學, 각국 어학 등 설치되어 있지 않은 학과가 없
으며, 재예에 따라 각자 원하는 바대로 공부한다. 비록 공·상업의
하찮은 기술이라 할지라도 대학 졸업증서가 없으면 사람들이 불신
하여 세상에서 행세할 수 없다.

로 파악함으로써 개신교를 도덕과 윤리의 관점에서 호의적으로 인식하고 있음을
보여준다. 이는 그가 미국으로 부임해 가는 선상에서 크리스마스 이브를 맞이하였
을 때 파티에 참석하자는 요청을 받고 일부러 병을 핑계 삼아 거절했던 사실과 비
교해보면 그의 개신교 인식에 변화가 있었음을 알 수가 있다. 더욱이 박정양이 《미
속습유》에서 연도를 모두 서력으로 표시하였던 것도 따져보면, 기독교를 긍정적으
로 수용하려는 자세와 무관하지 않았던 것으로 여겨진다. 《미행일기》, 1888년 2월
4일 자; 5월 9일 자; 7월 4일 자; 《종환일기》, 1887년 11월 10일 자; 1888년 2월 4일
자; 5월 6일 자; 5월 9일 자; 7월 4일 자.

정치를 최고로 치는데, 이는 국민을 다스리고 법을 집행하는 데 중요하다. 의업은 사람의 위생에 관련되므로 중요하다. 사범은 사람을 가르치는 선생을 양성하는 데 중요하다. 특별히 이 3과에는 전문학교專門學校가 있는데, 대학을 졸업한 뒤 또 전문학교에 3년간 들어가서 증서를 받은 후에 발명할 수 있고 수용需用할 수 있다. 각 지방에 모두 학전學田을 두어 학교 비용과 교사 월급 등으로 사용하고, 만약 부족하면 반드시 해당 주의 토지세에서 덜어내어 보충해준다. 이상의 학교들은 모두 정부에서 설립한 것이다.

그 밖에 의립義立과 사립私立의 구별이 있다. 사립은 각 해당 지역에서 인민이 돈과 재물을 모아 학교를 만든 것이다. 모두 부속 재산이 있어서 해마다 거기에서 나오는 이익으로 학생을 더 많이 뽑으며, 매달 일정한 돈을 학비로 보태준다. 의립은 재산을 축적하고 학비를 보태주는 것은 사립과 동일하지만, 한 사람 혹은 몇 명의 부자가 의연금을 내어 독자적으로 세운 것이다. 전국 내에 사립·의립 등의 중학교가 1588개, 대학교가 370개인데, 관립은 이 수에 포함되지 않는다.

학교마다 교사는 10명 혹은 수십 명이고, 학생은 100명 혹은 수백 명으로 동일하지 않다. 1884년의 상황을 살펴보면, 정부가 설립한 소학교에 드는 비용은 1억 661만 4900여 원이므로, 온 나라의 교육에 대한 확고한 의지를 미루어 알 수 있다. 인민 남녀 가운데 배우지 않아 무식한 자를 통계내면 20분의 1에 불과한데, 이들은 일찍이 노

예가 된 흑인종과 외국에서 와서 새롭게 정착한 백인종이 대부분을 차지한다.[76]

---

[76] 박정양은 각종 학교를 방문하고 학교제도와 운영에 대한 정보를 얻었는데, 미국의 정부와 민간이 모두 교육 사업을 중시한 결과 "전국 내에 학교가 없는 곳이 없으므로 그 부강이 천하에서 으뜸임을 알 수 있다"고 평가하였다. 즉, 박정양은 나라를 세운 지 백여 년밖에 되지 않은 미국이 세계에서 가장 부강한 나라가 될 수 있는 원동력을 바로 국민교육에서 찾았던 것이다. 왜냐하면 박정양은 미국이 부유하게 된 중대 요인으로 간주했던 규모의 주밀함과 순실한 미국인의 심성이 교육을 통해 형성되었다고 파악하고 있기 때문이다. 박정양은 자신이 파악한 미국의 장점들을 단시일 내에 조선에 도입, 적용시킬 수 없다는 사실도 잘 알고 있었다. 따라서 박정양은 미국의 좋은 제도와 문물을 점진적으로 수용할 것을 주장하되 이를 위해 무엇보다도 교육이 필요하다는 것을 절감하였던 것 같다. 박정양이 미국의 교육제도에 대해 관심이 지대했음은 워싱턴에 재임하는 동안 사관학교를 비롯하여 여학교, 대학 등 교육기관을 방문한 사실에서도 간접적으로 엿볼 수가 있다. 미국이 교육을 통해 부국강병의 국가가 되었다는 박정양의 인식은 그가 추진하려던 개화 내지 개혁의 가장 중요한 사상적 바탕이 되었다고 여겨진다. 바꿔 말하면, 박정양의 교육관은 조선에서도 근대적인 교육을 통해 국민을 계몽시킴으로써 서구의 선진문명을 받아들이고 점진적으로 제도개혁을 실행하자는 동도서기론에 바탕을 둔 개혁사상과 밀접한 관련을 맺고 있다. 《미행일기》, 1888년 1월 2일 자; 3월 30일 자; 4월 15일 자; 4월 27일 자; 《종환일기》, 1888년 3월 30일 자; 4월 8일 자; 4월 15일 자.

농업農業

〈미국의〉 농업은 유럽과 아메리카 각국 가운데에서 으뜸이다. 북부 토지에서는 보리·밀·옥수수·감자가 최고이고, 남부 토지에서는 쌀·콩이 최고이다. 1884년 상황을 조사해보면, 각 경작지의 총계는 5억 3608만 1835에이커이며, 생산한 곡식의 값은 11억 8500여만 원, 담배는 4500여만 원인데, 목면木綿과 사탕 등의 값은 여기에 포함되지 않았다.

농업에 종사하는 남자는 710여만 명, 여자는 50여만 명이며, 모두 〈대학에서〉 농학을 배우고 익혔다. 그 밭갈이·파종·김매기·수확 등의 일은 모두 기계와 말이 끄는 수레를 사용하여 인력을 쓰지 않고도 몇 배나 되는 성과를 거둔다. 한 사람이 농사지어 100명을 먹여 살릴 수 있다. 해마다 농업 생산은 소비하는 양에 비해서 항상 잉여가 있다.

또 미국 국민은 오로지 소·양·닭·돼지 등의 고기와 우유를 주로 먹으며, 그 다음으로 과일로 식량을 보충한다. 그러므로 해마다 각국에 수출하는 곡물이 매우 많은데, 구미의 많은 나라들이 〈미국의 곡물에〉 힘입어 살고 있다. 비록 밀가루 하나만 보더라도, 해마다 해관海關으로 수출하는 값이 1억 3000여만 원을 밑돈 적이 없다.

목축은 본토에는 옛날에 소·말·양·돼지·개·고양이가 없었는데, 유럽에서 전래되어 지금은 이 짐승들이 온 나라에 두루 퍼져 있다. 인민 가운데 목축을 생업으로 삼은 자는, 소와 양 모두 계곡으로 이를 헤아릴 정도이다. 1887년의 상황을 조사해보면, 목축 면적은 사방 116만 5000마일이며, 소는 4551만 1000두, 말은 1216만 2000두, 양은 5036만여 두, 돼지는 4514만 3000두이고, 닭과 개도 매우 번성한다. 도都·부府·대도시에서는 개 키우는 것을 꺼리는데, 똥이 도로를 더럽히는 것을 싫어하기 때문이다. 만약 좋아서 키우는 자가 있으면, 정부가 매우 가혹하게 금지하지 않고 단지 세금을 무겁게 매기므로 저절로 매우 드물게 되었다.

美俗拾遺
미속습유

공업工業

공업 역시 학술學術이 있어 반드시 해당 학교의 졸업증서가 있은 후에 비로소 제조를 허락한다. 모두 기계가 있는데, 혹 화륜火輪이나 수륜水輪 혹은 자전륜自轉輪은 크고 작음이 같지 않다. 기술이 모두 뛰어나서 모직물과 면직물을 짜는 일, 철강을 단련하는 일, 광산과 길을 뚫는 일에서 제지·인쇄의 세밀한 일에 이르기까지 (모두) 기계를 사용하여 인력이 적게 든다.

온 나라 안에서 물건을 만드는 공업은 필라델피아부가 최고이다. 날마다 제조하는 물품의 값은 항상 100만 원을 밑돌지 않는다. 이는 모두 회사가 진보하는 데 매우 힘쓰며, 정부가 공업을 권장하는 데 심력을 기울이기 때문이다. 무릇 한 사람이 하나의 물건을 만들면, 반드시 자신의 성명을 물건에 기록하므로 속여서 팔 수 없다. 이런 까닭에 생산하는 물건이 모두 매우 품질이 좋고 갈수록 더욱 정교해진다.

1880년간의 상황을 조사하면, 목면 제조회사는 800여 곳, 철강 제조회사는 1000여 곳, 목재회사는 2만 3000여 곳이다. 이 밖에 유리·자기·석재와 벽돌 등의 각종 제조는 이루 다 기록할 수 없을 정도인데, 해마다 늘어나서 세계에서 으뜸이다. 현재 제조 공장과 광

산에서 일하는 남자는 330만 명, 여자는 64만여 명이다.[77]

---

[77] 박정양은 농업과 공업 등의 생산 분야에서 기계의 효용을 인정함으로써 간접적으로나마 서양 기술의 도입이 필요하다고 강조하였던 것이다.

상무商務

상무는 미국의 중요한 정무이다. 세계 여러 나라와 물품을 교역하여 선박이 서로 오가며 자기 나라에 있는 물품을 팔고 없는 물품을 사온다. 항구를 설치하였는데, 가장 번성한 곳은 7개 항구이다. 첫 번째는 뉴욕이다. 유럽 각국과 통상하는 요충이므로 각 항구 가운데 으뜸이며, 인민이 가장 많고 물화가 매우 풍부하다. 그 다음은 필라델피아이며, 제조업으로 유명하다. 그 다음은 보스턴이다. 옛날 영국 총독이 와서 주재하던 땅이므로 항구가 설치된 지 조금 오래되었으며 물품이 매우 번성하다. 그 다음은 시카고·오하이오·볼티모어이며 역시 대도시이다. 이는 내지인內地人이 무역하는 곳으로 외국인의 왕래가 다른 항구처럼 많지는 않다. 샌프란시스코(상방항桑方港, San Francisco)는 만들어진 지 오래되지 않았으나, 아시아와 남미 각국과 왕래하는 중요한 항구이다. 그러므로 지금은 비록 뉴욕에 미치지 못하지만 날이 갈수록 발전하고 있으니, 몇 년 지나지 않아 뉴욕에 버금가게 번성하리라는 것을 알 수 있다.

각국과 통상하는 것은 유럽이 최고인데, 영국과 더욱 왕성하고 독일(덕국德國, Germany)·프랑스·벨기에(백이의白耳義, Belgium)·러시아·네덜란드 등은 그 다음이다. 아시아는 청국이 최고이고 일본이 그 다음이다. 각 항에 해마다 상선의 출입이 매우 번성하다. 1885년의 상황을 조사해보면, 입항한 선박이 3만 204척이고, 출항한 선박이 3만 435척이다. 그 가운데 미국의 배가 출입한 것이 9300~9400척이며, 나머지는 모두 외국의 배이다.

다음으로 전국의 상선에 대해 1887년에 조사한 것을 살펴보면, 기륜선汽輪船(증기선) 중에 대서양에 있는 것이 2693척이고 태평양에 있는 것이 386척이며, 북호北湖에 있는 것이 1165척이고 서하西河에 있는 것이 1157척이다. 풍범선風帆船은 대서양에 있는 것이 1만 4489척이고 태평양에 있는 것이 835척이며, 북호에 있는 것이 1333척이고 서하에 있는 것은 단지 1척뿐이다. 또 작은 배(소정小艇)와 어선은 모두 2023척이다. 상업에 종사하는 남자는 175만여 명이고, 여자는 6만여 명이다.

각 항에 들어오는 화물은 사탕·모포·화학제품·비단직물(갑비甲斐)·철강제품이 최고이며, 나가는 화물은 밀·밀가루·쇠고기(우육牛肉)·계란·유제품(우낙牛酪) 등 식품이 최고이다. 1887년 상황을 조사하면, 수출 원가는 6억 6596만 4500원이고 수입 원가는 6억 3543만 6000원이며, 해관의 세액은 2억 1728만 6993원이다.

대개 그 과세하는 규칙에는 천연물과 인공물의 구분이 있다. 무릇 인공물은 들어올 때 모두 무거운 세금을 매김으로써 이를 억제한다. 이는 국내 인민으로 하여금 제조하여 스스로 사용하도록 하고 외국 물건이 내지에서 소비되는 것을 원하지 않기 때문이다. 그러므로 인공물을 수출할 때에는 세금이 가볍거나 혹 전혀 없다. 이는

美俗拾遺
미속습유

국내의 제조업이 날로 번성하고 재화가 날로 풍성해지는 까닭이다. 연초·주류 및 명주와 비단(주단紬緞)·모직물 등에 대한 세금이 가장 무거운데, 100원짜리에 혹 150원이나 200원을 거둔다. 이는 수입품을 금지하지 않되 무거운 세금을 매겨 저절로 금지되도록 하는 것이다.

올해 민회가 열렸을 때 남당南黨 의원이 수입하는 각 화물에 대한 관세가 너무 무거우므로 그 액수를 줄여서 상무를 편리하도록 하자는 의견을 내놓았다. 이에 북당北黨은 "만약 수입세를 가볍게 하면 외국의 물건들이 연이어 들어와 가격이 점점 싸져서 국민이 교역하여 사용하기를 좋아하여 스스로 만들기를 꺼려하게 된다. 국민이 스스로 만들지 않고 편안함을 즐기게 되면 몇 년 후에 수출은 모두 없어지고 수입만 있게 되어 금·은·동·철 등 천연 재화가 모두 외국으로 나가버려 재원은 고갈되고 민생은 어려워져서 나라가 반드시 가난해진다"고 주장하면서 반대하였다. 여러 사람의 의견이 여기에 동의하여 남당의 의견은 끝내 채택되지 않았으니, 상무를 신중하게 하지 않을 수 없음을 알 수 있다.[78]

---

[78] 박정양이 미국 정부의 보호무역정책을 칭찬함과 동시에 국내의 공업 발전을 구조적으로 연관시키고 있는 점은 주목할 만하다.

교섭交涉

교섭은 오로지 성심誠心으로 서로 대하고 겉치레에 치중하지 않으며, 각국과 조약을 체결하고 서로 사절을 파견함으로써 우의를 두텁게 한다. 사절을 파견하고 접대하는 예절은 간략하게 하는 데 힘써서 예절 규정이 많고 절차가 번거로운 아시아와 유럽 각국과는 다르다. 현재 사절을 파견한 나라는 34개국이다. 아시아주는 조선·청국·일본·태국(섬라暹羅, Thailand)·페르시아(파사波斯, Persia) 등 5개국이고, 유럽은 영국(영길리英吉利, England)·프랑스·독일·러시아·이탈리아·오스트리아·벨기에(비리시比利時, Belgium)·덴마크·네덜란드·프러시아(보로사普魯士, Prussia)·포르투갈·로마교황청(로문니아老文尼亞, Romania) 및 그리스(희랍希臘, Greece)·스페인·스웨덴(서전瑞典, Sweden)·스위스(서사瑞士, Switzerland)·터키(토이기土耳其, Turkey) 등 16개국이며, 남미주는 아르헨티나(아연전亞然田, Argentina)·볼리비아(파리비玻理非, Bolivia)·브라질(파서巴西, Brazil)·칠레(지리智利, Chile)·콜롬비아(골름비아骨凜非阿, Colombia)·아이티(해대海岱, Haiti)·파라과이(파랍규巴拉圭, Paraguay)·페루(비로秘魯, Peru)·베네수엘라(위내서납委內瑞拉, Venezuela) 등 9개국이다. 중미주는 코스타리카(고시타리가高時打利加, Costa Rica), 북미주는 멕시코, 아프리카주는 라이베리아(나비리아那比

利亞, Liberia), 대양주大洋洲는 하와이(포와布哇, Hawaii) 등 4개국이다.

미국에 주재하는 각국 사절은 32개국이다. 아시아주는 조선·청국·일본·페르시아 등 4개국이고, 유럽은 영국·프랑스·독일·러시아·이탈리아·오스트리아·벨기에·덴마크·네덜란드·포르투갈·그리스·스페인·스웨덴·스위스·터키 등 15개국이다. 남미주는 아르헨티나·브라질·칠레·콜롬비아·페루·베네수엘라·아이티·에콰도르(이과돌伊果突, Ecuador)·과테말라(가타마라加他馬羅, Guatemala) 등 9개국이다. 중미주는 코스타리카, 북미주는 멕시코·니카라과(리가내고利加乃古, Nicaragua), 대양주는 하와이 등 4개국이다.[79]

대개 수교한 나라는 이들 나라에 그치지 않는다. 사무의 많고 적음과 상민商民 다과에 따라 전권全權 혹은 3·4등 공사를 파견하는데, 그 예는 한결같지 않다. 또 〈미국이〉 사절을 파견하였는데도 아직 미국에 사절을 보내오지 않은 나라도 있고, 혹 〈그 나라에서〉 사절을 보내왔는데도 미국이 사절을 파견한 적이 없는 나라도 있다.

1886년의 조사에 따르면 외교 비용은 162만 3177원이다. 영사領事는 오로지 통상 사무를 맡아 이를 처리하는 직책이다. 그러므로 무릇 각국 개항장에 파견하는 영사는 사무의 번잡한 정도에 따라 10등으로 구분한다. 총영사 겸리 판사대신總領事兼理辦事大臣【공사의 직책을 겸임하는 자】·총영사·부副총영사·위委총영사·정正영사·부영사·

---

[79] 1887년 12월 5일 박정양은 백악관을 방문하여 클리블랜드 대통령에게 국서를 봉정한 후 참찬관 이완용參先用과 번역관 이채연, 미국인 참찬관 알렌을 대동하고 미국에 부임한 순서대로 28개국의 공사를 방문하였다. 《종환일기》, 1887년 12월 5일 자.

위판委辦영사·대리영사·통상사通商事·부통상사 등이다. 현재 각국의 각항에 파견한 자는 1000여 명을 넘는 듯하며, 각국에서 와서 주재하는 자 역시 그 수보다 적지 않다.

물산物産

물산은 서부에는 〈금·은·구리·철·주석의〉 5가지 금속과 석탄·납이 많고, 남부에는 5곡과 목면이 많으며, 연초·소금·감자·과일·옥수수 등의 물산은 나지 않는 곳이 없으며, 목재의 생산 역시 매우 많다. 대체로 인민의 삶은 의식衣食을 가장 중요하게 여기는데, 미국인들은 모직물을 입고 고기·우유·과일·채소를 먹는다. 그러므로 일찍이 가뭄이나 홍수 등을 재해로 여기지 않으며, 개국한 지 몇 백 년이 지났지만 굶주림의 고통을 알지 못한다.

지조地租

지조, 즉 토지세는 농경지와 대지垈地를 모두 하나의 규칙으로 취급하는데, 토지의 형편에 따라 등급을 정한다. 원가原價에는 각각 경중의 구분이 있다. 만약 인민이 조밀하고 물산이 풍부한 곳은 상등이지만, 도시에서 떨어진 궁벽한 땅이나 새로 개척하는 땅은 하등이다. 그 원가를 계산하여 토지세를 정하는데, 원가 100원을 기준으로 삼아 적게는 25전부터 많게는 1원 50전까지이다. 〈토지세는〉 모두 해당 지방의 경비로 속하게 하는데, 각 항구와 도·부처럼 번성한 곳은 토지세가 가장 무겁다.

전폐錢幣

전폐, 즉 화폐로 유통되는 것은 5가지가 있는데, 금화(금폐金幣)·은화(은폐銀幣)·백동화(백동폐白銅幣)·숙동화(숙동폐熟銅幣, 정동화) 및 지폐이다. 금화는 위로 20원(元, 달러)·10원·5원·2원 50전錢(센트)짜리부터 아래로 1원짜리가 있고, 은화는 위로 1원·50전·25전·10전짜리부터 아래로 5전짜리가 있다. 백동화는 5전·3전짜리 두 종류가 있으며, 숙동전은 2전·1전짜리 두 종류가 있다.

그 무게를 비교해보면, 금전金錢 1원의 무게는 미국 금저울(금칭金秤)로 25.8그레인(걸인틀仁, grain, gr)【우리나라 약재저울로 4푼分 5리】을 기준 삼아 곱하거나 더한다. 가령 10원은 258그레인【우리나라 저울로 4전錢 6푼】이고, 20원은 1아운스 36그레인【우리나라 저울로 9돈】이다. 은전 1원은 미국 금저울로 412.5그레인【우리나라 저울로 6돈 4푼】을 기준 삼아 빼거나 나눈다. 가령 10전은 41.25그레인【우리나라 저울 6푼 4리】이다. 백동전 5전은 미국 상용저울 6분의 1아운스【우리나라 저울 1돈 2푼 5리】이고, 3전 역시 5전과 비교해서 뺀다. 숙동전 1전은 미국 상용저울로 10분의 1아운스【우리나라 저울 7푼 5리】이고, 2전은 1전의 2배이다.

대개 화폐 제조법은 금화와 은화는 모두 금이나 은의 함량 10분의 9를 으레 기준으로 삼는다. 가령 20원짜리 금전 1매는 1아운스 36그레인이며, 그 10분의 9는 금을 사용하고 10분의 1은 동과 주석을 합쳐 사용한다. 은전 역시 이와 같은 방식으로 만든다. 대개 금·은의 성질은 원래 무른 성질은 많고 단단한 성질은 적으므로 동과 주석을 합쳐 단단하고 강하게 만드는 것이다.

동전의 모양은 둥글고 가운데 구멍이 없다. 한 면에는 미국의 국가 문양[독수리의 형상]을 매우 분명하게 넣고, 한 면에는 훌륭한 사람(성인成人)의 얼굴을 새겼는데, 이는 이를 소중하게 여기고 보배로 여긴다는 뜻이다. 필라델피아부에 조폐창造幣廠이 있어 금화·은화·동화를 전적으로 관장하며, 호부에 속해 있다.

지폐는 1원·5원·10원짜리부터 20원짜리까지 있다. 금화, 은화와 동일한 예로 사용하는 데 조금도 불편함이 없다. 또 수천 원이나 수만 원짜리 지폐가 있지만, 이는 늘 사용되지 않아 세상에서는 보기 힘들다. 대개 지폐는 금·은화가 너무 무거워 싫어하여 가볍고 편리함을 취하여 만든 것이다. 그러므로 전국의 인민은 오로지 지폐를 사용한다. 단, 지폐를 발행하는 금액은 금화와 은화의 금액을 넘을 수가 없다.

워싱턴에 지폐인쇄창이 있는데, 매일 거의 수만 원 넘게 인쇄한다. 지폐인쇄창에서 인쇄하여 호부로 보내고, 호부는 다시 호부의 관인을 찍은 후에 비로소 발행한다. 무릇 인민은 혹 금·은화를 지폐로 바꿔달라고 요청하거나 지폐를 금·은화로 바꿔달라고 요청하며, 혹 헌 화폐를 새 화폐로 바꿔달라고 요청하기도 한다. 이러한 일은 모두 호부에 가면 전부 자기 뜻대로 할 수 있다. 대체로 화폐가 통용되는 것은 오로지 신信이라는 한 자에 달려 있을 뿐이다. 그러므로 불신이 있는 곳에서 금과 은도 마치 두엄이나 마찬가지이고, 믿음이 깊은 곳에서는 한 조각 얇은 종이라도 천금보다 오히려 더 소중하다.[80]

---

[80] 박정양은 재무부에 가서 재무장관 페어차일드Charles S. Fairchild 등의 안내로 부내 각 처뿐 아니라 은화저장소와 은화택품소銀品所를 두루 살펴보았다. 또 조폐창을 방문하여 지폐를 찍어내는 광경을 목격하였다. 아울러 박정양은 은행·화폐·회사제도를 소개하면서도 정부 역할의 중요성과 이에 대한 국민들의 신임을 강조하는 데 초점을 맞추었다. 《미행일기》, 1887년 12월 29일 자; 1888년 1월 20일 자.

광무鑛務

금·은·동·철·탄광은 도처에 있는데, 모두 인민이 사사로이 채굴하는 것을 허가하고 정부는 그 이익에 관여하지 않는다. 만약 관유지에 광산이 있으면 인민이 사사로이 채굴하는 것을 허가하지 않는데, 반드시 정부의 인가를 받은 후에 세금을 정하고 채굴할 수 있다. 세금은 10분의 1 혹은 10분의 2인데, 지형의 난이難易에 따라 그 비용의 많고 적음을 비교하여 차등 있게 세금을 정한다.

은행銀行

은행은 국민이 재물을 저장하는 곳으로, 정부의 인준이 없으면 마음대로 설립할 수 없다. 은행을 설립하고 싶은 사람이 있으면 그 사람은 반드시 먼저 수십, 수백 만 원을 호부에 맡겨두고 정부에 의견을 공개적으로 밝히며, 정부가 신문에 게재하여 그 사람에게 특별히 허락한 것을 명확하게 인정하여 상호간에 신뢰가 생긴 후에 인민들이 각자 화폐를 은행에 맡긴다.

〈은행에 화폐를 맡긴 인민은〉 모두 〈은행에서〉 이자를 받아 재산을 늘린다. 해당 은행은 돈을 빌려주고 바꾸어줄 때 인민에게 주는 이자에 비교하여 높은 이자를 받는데, 모두 이자를 받아서 남는 것을 이익으로 삼는다. 반드시 본국의 각 도·부와 각 항구 및 세계의 통상하는 각국에 은행의 지점을 설치하여 서로 응하는 데 편리하게 하며, 혹 이 지점에서 저 지점으로 〈화폐를〉 교환할 때에도 반드시 이익을 취한다.[81]

한 나라에서 큰 돈의 출입은 은행에서만 전담한다. 그러므로 은행

---

[81] 박정양은 주일조선공사 김가진 등으로부터 전신환으로 공사관 운영자금과 광산기계 매입비용 등을 직접 받기도 하였다. 《미행일기》, 1888년 8월 15일 자; 9월 2일 자; 9월 6일 자.

이 흥성하는지 쇠퇴하는지도 역시 전국의 빈부와 무관하지 않다. 혹 은행이 쇠하고 망하여 원금을 손해 보는 경우, 인민이 당연히 보상받아야 할 것은 반드시 정부가 〈마련하여〉 처리해준다. 현재 국내의 은행은 합쳐서 1000여 개가 넘는다.

회사會社

회사는 여러 사람이 모여 단체(社)를 만드는 것이다. 농·상·공·예
인藝人으로 생업이 있는 사람은 반드시 회사가 있는데, 각각 금전을
마련하고 주식을 합하여 단체(회사)를 조직한다. 전국 인민 가운데
회사에 속하지 않은 사람이 없으므로 뭇사람의 마음이 마치 성城과
같아서 감히 서로 속이지 않는다. 심지어 부인과 어린이 역시 더러
회사에 속해 있다. 이는 민심이 화합하고 국세國勢가 부강한 이유가
아니겠는가.

인민재화人民財貨

인민들은 재화를 집에 저장해두는 것을 꺼리며, 그 재산과 집기(집물什物)는 반드시 거실(객당客堂)에 진열해놓고 자랑하는 것을 좋아한다. 화폐는 은행에 맡겨두거나 혹 재부財部에 저축한다. 사람들은 살면서 자기 뜻대로 이를 사용하지만, 자식이 이를 제멋대로 쓰는 것을 허락하지 않는다.

사망할 때에는 반드시 유서를 써서 자녀들에게 분배하는데 자기 의사대로 증감한다. 만약 아들이 없고 딸만 있으면, 그 딸에게 모두 준다. 만약 아들도 없고 딸도 없으면, 가까이는 형제나 조카로부터 먼 친족이나 친구들까지 모두 유산을 줄 수 있다. 이러한 일들이 있을 경우, 반드시 법관에게 나아가 절충하여 처리한다. 그러므로 법부에는 별도로 민산판사民産判事 한 과課가 있다. 또 혹 친척과 친구들에게도 나누어줄 수 없는 경우에는 해당 은행과 재부가 반드시 법원의 판결을 받아 정부에 귀속시켜 가난한 사람을 돕거나 돌보는 비용으로 삼는다.

선거善擧

미국의 풍속에 선거(복지시설)라는 곳이 있다. 정부가 설립하는 것
외에 혹 인민 한 사람이 홀로 의연을 내놓거나 혹 여러 사람이 합쳐
서 양로원·구휼병원·유아원·농아원 등을 설립하는데, 모두 화폐로
기부한다.[82]

  늙은 홀아비와 홀어미, 고아, 자식 없는 노인들, 병들고 의지할 데
없는 사람들은 모두 이들 원에서 보살펴준다. 그 거처·의복·음식의
수준은 조금 넉넉한 보통 사람보다 못하지 않다. 〈복지시설은〉 위
로 수도에서부터 아래로 시골 마을에 이르기까지 없는 곳이 없다.
이는 모두 정부가 먼저 이끌어 인도한 것인데, 옛 성현의 "한 집이
어질면 온 나라가 어질게 된다"는 가르침[83]이 어찌 이 경우에 꼭 맞

---

[82] 박정양은 양력 1887년 11월 29일 미국으로 가는 배 안에서 선거善擧 100주년을 맞
아 축하연을 여는 모습을 목격하고, "대개 백 년 전 원주민 수만 명이 굶어죽었는
데, 미국 정부가 창고를 열고 구휼하여 어려운 지경에 빠진 사람들을 살려서 편안
하게 해주었다. 국민이 이를 선거라고 부르는데, 지금까지 이야기가 전해지면서 이
날에 맞추어 그 일을 기념한다고 한다"고 그 유래를 밝혔다. 《종환일기》, 1887년 10
월 26일 자.

[83] 《대학大學》 전傳 9장에 나오는 "한 집안이 어질면 온 나라가 이를 본받아 어진 풍습이
일어나고, 한 집안이 사양하면 온 나라가 이를 본받아 사양하는 풍습이 일어나고,
한 사람이 탐욕스럽고 도리에 어긋나는 행동을 하면 온 나라가 이를 본받아 난亂을

는 말이 아니겠는가! 이러한 까닭에 전국 인민이 많지 않은 것이 아니지만 끝내 구걸하는 거지 따위를 볼 수가 없다.[84]

일으킨다"에서 온 말이다.

[84] 박정양은 1888년 4월 12일 공사관원들과 함께 제중원濟衆院·나병원·농아원 등을 방문하였다. 그는 제중원에 대해 "1862년 6월에 부자 수 명이 의연금을 출연하여 설립하였고, 그 후 2년간 정부가 재정을 계속 대주었다. 무릇 인민 남녀 중 병이 있으면 반드시 구호하고 치료해주며, 만약 가난하고 의탁할 데가 없는 사람은 그 치료와 약물 등의 비용을 반드시 제중원에서 부담한다"면서 "1886년 11월부터 1887년 10월까지 제중원에서 중병으로 치료를 받은 자를 조사해보니 1,537명이라고 한다. 인민 위생의 기술이 이처럼 지극하다"고 평가하였다. 《미행일기》, 1887년 4월 12일 자.

미 속 습 유 美 俗 拾 遺

인수기引水機

미국의 각 도·부와 각 항구는 평탄한 들에 있기 때문에 우물이 많지만 수질은 그다지 좋지 않다. 또 〈설령 수질이 좋은 우물이 있더라도〉 집들이 빈틈없이 붙어 있고 거리들이 서로 접하여 우물이 더러워질까 염려스럽고, 물을 길어 올리기도 불편하다. 그러므로 별도로 〈깨끗한 물이 흐르는〉 강변 혹은 계곡에 기계를 설치하여 도·부 한 모퉁이에 깊은 우물을 파서 〈그곳으로〉 물을 끌어들인 다음 땅속에 묻은 철로 만든 관을 통해 여러 곳으로 나누어 흘려 보내는데, 모든 도 안에 종횡으로 연결되어 있다. 집집마다 연결하여 이를 사용해도 고갈되지 않는다. 부엌의 설거지통부터 욕실의 세면대와 변기까지 한 번 기계를 돌리기만 하면 물이 샘처럼 솟아 깨끗하게 씻기에 매우 편리하다. 또 길거리와 화원 사이에도 곳곳에 기계를 설치하고 물을 대는 곳을 마련하여 길 가는 사람이 마음대로 이를 마시기에 편리하게 하였다. 길에 다니는 소나 말도 역시 모두 편리하게 먹는다.

구화기救火機

큰 도·부에 집이 빈틈없이 붙어 있는 곳에는 반드시 소방서(구화회사救火會社)가 있는데, 이는 정부가 설치한 것이다. 모두 소방펌프(수룡水龍) 등의 기계가 있다. 가령 한 집에 불이 나면 곧바로 길가의 종을 쳐서 이를 경고한다. 소방서는 늘 기계를 차량에 실어놓고 대기하는데, 비록 아무 일이 없는 평상시에도 마찬가지다. 만약 불이 났다고 경고하는 종소리를 들으면 잠시도 지체하지 않고 곧바로 달려가서 불이 난 곳을 향하여 기계를 설치하고 큰 길에서 수맥水脈을 이끌어 와서 소나기(폭우瀑雨)처럼 분출하면 불이 곧 꺼진다. 그러므로 모두 불타버리는 재해를 보기가 드물다.

미국의 집은 모두 돌이나 벽돌로 지어 불길이 부근의 다른 곳까지 번질 걱정이 없다. 다만 불은 매번 기계를 사용하는 공장에서 일어난다. 석탄·석유 등 인화물이 그 안에 많이 저장되어 있어 타오르는 불꽃이 화약보다 심하다. 그러나 불을 끄는 기계가 이렇게 정밀하기 때문에 미국인은 화재 경보로 인해 걱정하지 않는다. 대개 기계를 사용하여 물을 길어 올리는 것은 오로지 화륜火輪에 의해서 하니, 이는 불을 가지고 불을 끈다고 할 만하다.

기명器皿

기명, 즉 그릇은 오로지 사기·자기 및 유리를 사용하고, 놋그릇이나 철기를 좋아하지 않는다. 매우 정결하게 하는 데 힘쓰고, 깨끗이 씻기에 편리하다. 혹 금 그릇과 은 그릇이 있지만 그다지 많지 않고, 오직 부자들만 이를 사용한다.

도로道路

도로는 매우 깨끗하며, 모두 정해진 규칙이 있다. 하나의 가로마다 3줄기(조條)의 길을 설치한다. 돌이나 벽돌로 이를 포장하거나 또 작은 자갈과 석유를 섞어서 바르는데【두께는 4~5치, 혹은 7~8치나 된다.】, 완전하고 단단하여 진흙이 밖으로 드러나지 않게 된다.

정중앙에 있는 1줄기는 너비가 수십 자(척)나 되어서 차량과 말 등이 가기에 편리한 큰 길이고, 좌우의 두 줄기는 너비가 4~5자이어서 인민이 걸어가기에 편리한 좁은 길이다. 도로의 양쪽 곁에는 서로 10여 자 간격으로 여러 가지 나무를 섞어 심었다. 봄에서 여름으로 바뀔 때마다 푸른 잎이 가지에 가득 차고 짙은 그늘이 땅을 덮어서 사람들이 그 사이를 가면 찌는 듯한 더위의 고통을 알지 못한다. 또 나무들 사이에 종종 가로등(등간燈竿)을 세우고 가스를 사용하여 불을 밝혀서 컴컴한 밤에도 매우 밝아서 마치 대낮 같다. 또 도·부·항구 안에 개천을 통하게 하고, 아울러 땅속으로 흐르도록 물길을 설치하여 비록 폭우와 오랜 장마라도 그치면 곧 말라서 지저분하고 더럽거나 진창이 된 흔적을 볼 수 없다.[85]

---

[85] 박정양은 종종 공사관원들과 워싱턴 시내를 유람하였기 때문에, 도로의 형태와 편리함을 잘 파악할 수 있었다. 《미행일기》, 1888년 4월 30일 자; 9월 9일 자.

차량車輛

차량은 인력을 사용하지 않는다. 먼 거리인 경우에는 증기 혹은 전기를 사용하며, 가까운 거리에는 말의 힘(마력馬力)을 이용한다. 차의 형태는 튼튼하고 또 사치스럽다. 전차(가차街車) 외에 무릇 인가人家에서 사사로이 마련한 것은 그다지 넓거나 크지 않아서 3~4명 혹은 1~2명이 탈 수 있고, 별도로 운전사가 앉을 수 있는 자리가 있다. 차의 덮개는 사람들이 편의대로 열고 닫을 수 있다. 차는 비단으로 장식하고 유리로 창문을 내며, 차에 타는 것은 방에 앉는 것과 마찬가지이다. 혹 말 1마리나 2마리가 차를 끌지만, 부자는 혹 말 4마리가 끄는 차를 타는데, 금과 은으로 장식하여 번쩍번쩍 빛나 눈이 부신 것이 대부분이다. 이러한 까닭에 서양인이 동양 각국에서 인력으로 들어 올리거나 끄는 것을 보면 언제나 근심하면서 "어찌 차마 사람으로서 사람을 탈 수가 있는가. 생각건대, 이는 천리天理로 보나 인정人情으로 보나 마땅히 행할 수 있는 바가 아니다"라고 말한다.[86]

---

[86] 박정양은 이동할 때 기차와 마차 등 각종 교통수단을 이용한 경험이 있었으므로 이에 대해 관심을 가졌던 것이다. 박정양이 평등사상에 근거한 인도주의적 관점에서 인력거를 비판한 점은 주목할 만하다. 《종환일기》, 1887년 11월 18일 자; 11월 19

철도鐵道

철도의 번성함은 지구 위 세계 여러 나라 중에 으뜸이며, 공설公設과 사설私設로 구분한다. 공설은 정부가 자본을 내어 설치하며 인원을 파견하여 관리하고 세금을 거둔다. 사설은 인민이 합자하여 회사를 만들고 재산을 내놓아 설치하는데, 다만 해마다 철로세를 정부에 납부한다. 서력 1830년간에 처음 철로를 놓은 이래 지금까지 58년 간 날로 증가하여 현재 전국 내 각 항구와 각 도·부·대도시에는 철로가 없는 곳이 없는데, 산악을 만나면 터널을 뚫고, 강이나 하천을 만나면 다리를 놓는다.

철로의 길이를 통계내어 보면 12만 5400마일이다. 사설이 대부분을 차지하는데, 모두 기차(증기기관차)를 사용하여 통행한다. 1인당 1마일을 갈 때마다 세금 3전을 납부한다【수시로 증감하여 그 예가 동일하지 않다.】. 그 이익이 다른 것에 비해 가장 좋으므로 인민이 이익을 추구하는 것이 마치 물이 아래로 흐르는 것과 같다.

현재 더욱더 날로 발전하여 항구와 도·부 안의 도로에 이르기까

일 자; 12월 5일 자;《미행일기》, 1888년 1월 2일 자; 2월 19일 자; 2월 23일 자; 9월 14일 자; 10월 18일 자; 10월 22일 자.

지 역시 종종 철로를 설치하였는데,[87] 만약 증기기관차로 서로 오가면 인민이 다칠 우려가 있으므로 이를 말의 힘으로 대체하거나 혹 기계로 이를 조종한다. 〈이것이〉 이른바 전차이다. 한 차에 수십 명을 태울 수 있으며, 가격이 가장 싸서 〈타는 거리의〉 멀고 가까움을 따지지 않고 해당 도와 항구 내에서 한 번 타면 단지 5전을 낸다. 오가기가 매우 편리하여 언제나 문을 나서면 자기 뜻대로 이를 탈 수 있으므로 인민이 걸어 다니는 것을 보기가 힘들다.[88]

---

[87] 박정양은 미국 샌프란시스코에 도착한 뒤 대륙횡단열차를 타고 워싱턴까지 갔을 뿐 아니라, 귀국할 때도 역시 대륙횡단열차를 탔기 때문에 철도의 신속함과 편리함을 자세히 파악하고 있었다. 아울러 박정양은 미국의 원조와 보호를 요청할 목적으로 조선에도 철도를 부설하는 문제를 미국 정부와 논의하여 '철도약장鐵道約章'을 작성하였다. 그러나 주미공사관 서기관 이하영李夏榮이 "철도의 일을 윤허하면 미국에서 우리나라를 더욱 보호하게 될 것입니다"라고 고종에게 건의했던 반면, 박정양은 "미국에서 보호하느냐 여부는 철도를 윤허하느냐 여부에 있지 아니할 것입니다. 만일 우리가 스스로 처리한 것을 윤허하고 15년을 약정하면, 저들이 전적으로 수세收稅할 것이므로 뒷날에 아무리 후회하더라도 약정을 개정할 수는 없을 것입니다. 또 일본 철도회사에 탐문하여 그 이해를 비교하여 보고 사리에 맞게 작성하더라도 늦지 아니합니다"면서 신중하게 대처하자는 의견을 내놓았다. 《종환일기》, 1889년 1월 15일 자; 1월 29일 자; 1월 30일 자.

[88] 박정양은 최근에 워싱턴에서 전차를 시험 운행하는 것을 직접 목격하고 그 모습과 운행 실태를 자세히 기록해 두었다. 특히 박정양이 철도와 도로 등 교통수단을 경제적인 이득을 가져다주는 측면보다는 국민의 편리를 위해준다는 관점에서 바라보고 있었다. "미국인들은 편민이용便民利用에 관한 일에 힘쓰기" 때문에 철도와 도로가 전국에 걸쳐 만들어져 있을 뿐 아니라, 기차·전차·자동차 등이 값싸고 신속하다는 것이다. 《미행일기》, 1888년 9월 14일 자.

신문지新聞紙

신문지는 한 나라의 중요한 일인데, 민간회사에서 설립한 것이다.
신문은 정부로부터 그 자유권을 허락받아서 비록 전·현직 대통령
의 좋은 말이나 나쁜 행동일지라도 구애받지 않고 싣는다. 일이 있
으면 바로 쓰고 들은 바가 있으면 반드시 적어내어 조금이라도 숨
기거나 포용해주는 사사로움이 없다. 가지고 있는 사견私見은 한번
신문에 나고 나면 모든 사람이 눈으로 보고 모든 사람의 입으로 퍼
져 아무도 가리거나 비호할 수가 없다. 그러므로 관민官民이 맹호보
다도 더 두려워하여 각자 근신한다. 이 역시 〈좋은〉 풍속을 장려하
는 데 일조한다.[89]

대개 신문사의 규정 역시 매우 엄숙해서 감히 근거 없는 허망한 말
을 신문에 실을 수 없다. 각 지방과 각국에 널리 조사하는 사람(기자)

---

[89] 박정양은 미국 신문에 중국 외교관이 조선에 대해 사실에 맞지 않은 내용을 게재한
것을 보고 조선공사관을 방문한 중국 외교관에게 따진 적도 있었다. 박정양은 워싱
턴에 도착한 뒤 신문사의 방문 요청을 거절하였지만, 평판이 좋은 신문기자의 접견
을 허락하고 조선의 사정에 대해 이야기를 나누었다. 나중에는 미국 국무부에서 조
선을 방문할 예정인 미국 기자의 비자 발급을 의뢰받고 외아문 독판에게 문서를 보
내 의촉하였으며, 직접 신문사를 방문하여 제작 광경을 살펴보기도 하였다. 《미행
일기》, 1887년 12월 27일 자; 1888년 1월 14일 자; 1월 27일 자; 2월 6일 자; 2월 22
일 자; 5월 2일 자; 8월 27일 자.

을 보내는데, 무릇 듣고 본 바가 확실하고 근거 있는 것은 가까우면 달려가서 알리고, 조금 멀면 글로 통보하거나 또 전보로 〈보내서〉 서로 근거로 삼는다. 그러므로 매일매일 발간하는 것이 신기하지 않은 논의가 없다. 국내의 공적인 일과 사적인 일, 외국의 사정이 밝혀져 다 드러나서 인민이 모두 견문을 넓히는 효과를 거둔다.[90]

만약 혹 인민이 개인적으로 전파할 일이 있으면, 반드시 몸소 신문사에 가서 서명하고 기록하여 드러내서 혼잡스럽고 황당한 혐의를 받지 않으려 하는데, 역시 반드시 기록세記錄稅가 있다. 전국 내 신문회사는 곳곳에 있는데, 〈신문에는〉 들을 만한 내용이 상당히 많이 있다.[91]

---

[90] 한편 박정양은 전 조선주재 대리공사 락힐William W. Rockhill이 뉴욕신문에 조선의 사정에 대해 사리에서 벗어난 내용을 실은 사실을 알고, 알렌으로 하여금 그에게 따지고 물었더니, 자신은 이렇게 논한 적이 없다는 답변을 들었다. 이에 박정양은 "신문은 믿을 만한 것이 아님을 알 수 있다"고 비판적인 입장을 갖기도 하였다. 《미행일기》, 1888년 6월 30일 자.

[91] 박정양은 신문을 통해 미국 및 국제 정세와 각종 정보뿐 아니라, 조선의 상황을 파악하였으며, 신문의 역할과 기능에 대해 관심을 갖고 있었다. 이를 토대로 박정양은 신문이 단순히 사실을 전달하거나 국민을 계몽하는 수단으로 이용되는 것에 머무르지 않고 대통령의 언행을 비롯한 정부의 정책까지 비판하고 의견을 개진하는 적극적인 역할을 담당하고 있음을 부각시켰다. 이처럼 박정양은 미국이 평등사회를 건설하는 과정에서 언론의 자유를 누리는 신문이 중요한 역할을 한 것으로 파악하였다. 《미행일기》, 1888년 1월 12일 자; 1월 27일 자; 1월 28일 자; 2월 1일 자; 2월 3일 자; 2월 6일 자; 3월 26일 자; 5월 18일 자; 5월 19일 자; 5월 20일 자; 6월 21일 자; 6월 27일 자; 10월 5일 자.

제조製造

국내에서 제조하고 매매하는 각종 물품에는 모두 세금이 있는데, 세금에 대한 규례를 국민이 감히 위반하지 않는다. 정부가 인지를 발행하여 인지 위에 금액을 분명하게 밝히고 판매하는데, 무릇 공업과 상업에 종사하는 사람은 액수에 따라 이를 사서 해당 물건에 붙인다. 가령 담배는 한 갑에 세금이 10전이면 10전짜리 인지를 붙인다. 혹 법을 지키지 않는 사람이 인지를 붙이지 않고 사사로이 함부로 팔다가 적발되면, 탈세한 벌을 시행하는데 벌금이 가장 무겁다. 그러므로 이미 풍습이 되어 감히 법을 위반하지 않는다. 인지를 종이에 박아 인쇄하는 것은 워싱턴 지폐창紙幣廠에서 담당하지만, 모두 호부가 관할한다.

속상俗尙

속상, 즉 풍속은 남녀가 태어나면 부모가 반드시 이를 축하하면서 "영원히 자주권自主權을 지켜라"라고 말하고, 이어 이름을 지어준다. 이름이 한 번 정해지면 죽을 때까지 바꾸지 않는다. 남자는 22세, 여자는 18세가 되어 비로소 자주권을 허락받은 후에 남자는 장가가고 여자는 시집갈 수 있다. 처음부터 중매 없이 자기 뜻대로 서로 좋아한 후에 자신들의 부모한테 알리는데, 부모는 이를 막을 수도 없고 또 강요할 수도 없다. 길일을 선택하여 신문에 반포하고 목사(교사敎師) 혹은 정부나 읍의 관리에게 가서 날짜를 알리며 주례(주혼主婚)를 요청한다.

이어 그날에 남녀가 손을 잡고 함께 주례자에게 가면, 주례자는 혼인하는 사람의 친척과 하객을 한 곳에 모아 놓고 부부에게 "그대들은 평생 화목하고 헤어지지 말라"고 축사를 한다. 말을 마치면 혼사를 문서(부적簿籍)에 기록해 보존하고 증빙서류를 준다. 〈신랑 집에서 신부 집에 예물을 보내 혼인을 청하는〉 납채納采나 〈신랑이 장모에게 기러기를 바치고 혼인을 맹세하는〉 전안奠鴈의 의식은 없다. 이리하여 부부가 되면, 이에 남녀는 각각 부모의 집을 떠나 새로 살림을 차린다. 문 밖으로 나설 때마다 서로 어깨를 나란히 하고 잠시라도 떨어지지 않으려 한다. 관례상 첩을 둘 수 없다. 혹 첩을 두는 자가 있으면, 그 처가 반드시 재심원에 고소하여 중벌을 내리게 한다.

상례喪禮는 먼저 깨끗한 물로 죽은 사람을 씻기고, 깨끗한 흰옷을 입히며, 거친 피륙(대포大布)으로 염斂한 다음 관에 넣으며【부자는 돌로 만든 관을 사용하고, 그 다음은 나무로 만든 관을 사용한다.】집에서 2~3일 머무른 후에 매장한다. 무덤은 안팎으로 벽돌과 돌로 이를 두르며, 무덤 모양은 불룩하게 높이 솟은 모습은 없다. 단지 그 위에 석비石碑를 세워 죽은 자의 성명과 태어난 날짜(생일), 죽은 날짜(사망일), 장사 지낸 날짜를 써넣는다. 친한 벗들은 모두 검은색 옷을 입고 모인다.

대개 미국의 풍속은 흰색을 순정한 색깔로 여긴다. 각종 예복은 모두 순수한 흰색을 사용하며, 그 밖에 남녀의 연회복은 혹 청색이나 홍색·황색으로 모두 자기 뜻대로 하지만, 상복만은 순흑純黑을 사용한다. 상주喪主와 상복을 입어야 하는 가까운 친척의 상복은 모두 검정이며 친소관계에 따른 상복의 차등이 별로 없다. 부모상은 혹 3년이나 1년, 혹 7개월 동안 상복을 입거나 혹 상복을 입지 않기도 하는데, 모두 자기 뜻대로 하고 정해진 예가 있지 않다. 애초에 제사 등의 예절은 없다.[92]

---

[92] 박정양은 육군대장 셰리든Philip H. Sheridan 등의 장례식에 참석하였으며, 공동묘지를 둘러본 적도 있었다. 《미행일기》, 1888년 2월 4일 자; 2월 23일 자; 5월 9일 자; 7월 4일 자.

거처는 매우 깨끗이 하는 데 힘쓴다. 집을 지을 때에는 돌과 벽돌로 튼튼하게 쌓으며, 2~3층 혹은 10여 층으로 똑같지 않은데, 모두 함석(백철白鐵)으로 지붕을 덮고 칠을 한다. 처마가 없고 지붕 끝에는 철로 만든 관을 사용하여 지붕의 빗물을 끌어들여 땅속에 설치해 놓은 하수구로 들어가게 한다. 층마다 계단을 놓아 서로 통하게 하며, 안에는 방을 들이는데 복도가 있다. 날마다 깨끗하게 청소하여 먼지가 없고, 방마다 판자로 만든 문과 창문이 있는데, 유리로 막는다. 더운 여름에는 창으로 가리고 바람을 맞이하며, 추운 겨울에는 난로를 설치하여 따뜻하게 한다. 각 층에는 반드시 화장실과 욕실이 있고, 철로 만든 관으로 기계를 설치하여 물을 끌어들여 〈많이〉 사용하여도 고갈되지 않는다. 등불은 기름이나 촛불을 사용하지 않고 모두 가스를 사용하는데, 관을 이용하여 끌어온다. 물과 불은 모두 회사가 있어 세금을 거둔다.

가장 아래층에는 대문을 설치하여 안팎으로 통하게 하고, 정원이나 빈터가 없다. 오직 부자가 사는 큰 집에서만 약간의 땅을 남겨 두어 쇠말뚝(철익鐵杙)으로 둘러싸서 담장을 만들고 안에다 온갖 종류의 화초를 심는다. 실내에는 무늬 있는 융단을 깔고 장식품을 늘어놓는다. 앉을 때는 반드시 의자를 사용하며, 잘 때는 반드시 침대를 사용한다. 한 방에는 여러 사람이 함께 지내는 것을 허락하지 않는데, 오직 부부 외에는 비록 어린 자녀라 할지라도 반드시 각자의 방에 나누어 살게 한다.

음식은 달고 짠 것을 좋아한다. 매일 세 끼를 먹는데, 쌀을 거의

먹지 않고, 오로지 밀가루빵(맥병麥餠)·생선·고기·과일·채소를 좋
아한다. 남녀 모두 한 식탁에 앉으며, 식탁 위에 흰 천을 까는데 매
일 갈아주면서 깨끗하게 하는 데 힘쓴다. 한 사람마다 앞에 작은 사
기 쟁반, 수건 하나씩, 칼 등 여러 도구를 놓고 음식을 차례차례 진
열한다. 〈식사〉 시간을 정해놓는데, 규칙을 어기는 것을 싫어한다.

　남자는 어릴 때부터 머리카락을 잘라서 길게 기르지 않고, 수염은
기르든지 자르든지 자기 뜻대로 하여 각자 다르다. 여인은 머리칼
을 길게 기르고 자르지 않으며, 정수리에 둥글게 묶는다.[93]

　옷과 모자는 남녀의 제도가 다르다. 남자가 쓰는 모자도 있고 여
자가 쓰는 모자도 있는데, 여름용은 풀로 만들고 겨울용은 모직물
(펠트)로 만든다. 여자 모자는 새 깃털이나 화초 등을 종종 모자 위에
꽂아 화려하게 꾸민다. 남자 옷은 모직물을 사용하는데, 윗도리의
길이는 무릎까지 내려오지 않고, 바지는 좁아서 겨우 다리가 들어
갈 정도이다. 여자 옷은 대부분 비단이며, 옷자락이 길어 땅에 끌리
면서 주위를 덮어 걸을 때 발이 보이지 않는다. 남녀를 막론하고 옷
은 아주 넓지 않으며, 모두 허리띠(혁대)로 묶어 몸에 붙게 한다. 신
발은 모두 가죽을 사용한다.

　인민은 성품이 매우 진실하며 기예가 매우 통달하고 지혜로우며
부지런하여 게으르지 않으며, 편안함을 구하지 않는다. 무릇 한 가
지 일을 만나게 되면 각자 생각을 다하며, 비록 기계·기용器用 등일

---

[93] 대본에는 '椎髻于□門'으로 되어 있는데, 문맥을 살펴 번역하였다.

美俗拾遺
미속습유

지라도, 만약 한 번 시작하면 반드시 끝을 내고 만다.

이 나라는 바로 여러 사람이 마음을 합하여 만든 나라로 권리가 주인인 백성에게 있는(민주民主) 나라이다.[94] 그러므로 비록 보잘것없는 평민이라 할지라도 나랏일을 자기 일처럼 돌보아 마음과 몸을 다하여 극진히 하지 않음이 없다. 또 친구를 사귀는 도리는 존귀한 사람이나 비천한 사람이나 마찬가지여서 귀천의 구별이 없다. 이에 "모든 사람은 태어날 때부터 자주自主를 얻는다. 자주라는 것은 누구나 다 같이 하늘이 부여한 것이고 귀천·존비는 모두 바깥에서 이르는 것이니 바깥에서 이른 것 때문에 어찌 자주를 훼손할 수가 있겠는가"라고 한다.

자신의 행동은 정직하게 하려고 노력하고, 다른 사람을 대할 때에는 매우 관대하고 온화하지만 사람이 의롭지 않으면 일찍이 조금이

---

[94] 박정양은 미국의 삼권분립제와 민주공화제 등 정치구조의 특징에 관해 정확하게 인식하고 있으면서도 미국식 민주주의의 핵심이라 할 수 있는 정당정치에 대해서는 거의 논급하지 않았다. 다만 관세 등 세금의 감면을 둘러싼 남·북 양당의 대립을 기록해두고 있을 뿐이다. 그렇지만 박정양이 "미국에는 남·북 양당이 있다고 들었다. 일찍이 22년 전에 북당(공화당)이 흑인면속사(흑인노예해방 문제)로 발론하였다.……이후 남·북당이 다시 화해하였다. 민선 지역에서는 각각 양당의 추천에 따른다. 현재 대통령은 역시 남당인이다.……남당(민주당)에 비록 대통령의 권한이 있지만, 이 나라는 민주국이므로 나라의 대권은 항상 원로·민선 양원에 있다. 양원의 권리는 결국 북당이 장악하고 있다"라고 기록한 것으로 미루어, 박정양은 미국에 남당과 북당이 있어 이들이 대통령과 의원선거를 통한 정당정치의 원리를 이해하고 있었다고 말할 수 있다. 그런데 박정양이 《미속습유》에서 정당정치의 실상을 소개하지 않은 이유는 이 제도가 현실적으로 조선에서는 실현될 가능성이 없을 뿐 아니라, 오히려 당파를 조성하여 군주권에 혼란을 초래할 염려가 있다고 판단되었기 때문인 것 같다. 《미행일기》, 1887년 12월 28일 자.

라도 포용하여 숨겨주지 않는다. 자신에게 잘못이 없으면 역시 조금이라도 다른 사람에게 굽히지 않는다. 서로 만났을 때는 본래 절하거나 꿇어앉는 예는 없고, 서로 모자를 벗어 악수하는 것을 예절로 삼는다. 여인에게는 또 입맞춤을 해준다. 여인의 권리가 남자보다 소중하다. 그러므로 여러 사람이 모인 자리나 길거리에서는 반드시 여인에게 양보하여 앞서 가게 한다.[95]

---

[95] 박정양은 주권재민론과 천부인권설을 이해하고 있었으며, 미국이 평등한 민주주의 사회이기 때문에 귀천존비의 신분적·직업적 차별은 물론 남녀 간의 차별이 없는 능력본위의 사회라는 점을 지적하였다. 이로 볼 때, 박정양이 신분과 남녀의 차별이 없는 미국의 평등사회를 일단 긍정적으로 바라보고 있었음을 알 수가 있다.

박정양은 주미공사 시절 신분제 하의 조선 사회와는 전혀 다른 민주주의적 미국 사회의 관습과 예절 때문에 많은 불편을 겪었다. 클리블랜드 대통령에게 국서를 봉정할 때 박정양은 악수로써 예를 교환했으며, 각종 공사석 연회에 참석하여 "남녀가 서로 껴안고서 춤추며", "기혼녀, 미혼녀가 모두 연회에 참석"하는 것을 보고 처음에는 "우리나라 안목으로 보면 어지러워 가히 아찔하고 의아할 정도"라고 느꼈다. 그러나 박정양은 미국에서 각종 연회와 공식행사에 참여하고 생활풍습에 익숙해지면서 미국 사회의 특징을 긍정적으로 이해하게 되었다. 《종환일기》, 1887년 12월 5일 자; 《미행일기》, 1887년 12월 26일 자.

또한 박정양은 미국이 신분차별이 없는 평등사회라는 점에 감탄하였다. 특히 박정양은 남북전쟁이 '흑인노예의 해방'이라는 인도주의적인 목적을 달성하기 위해 일어났다는 사실에 깊은 감명을 받았다. 그리고 박정양은 초대 조선주재 미국전권공사였던 푸트가 현직에서 물러난 후 상업에 종사하고 있음을 알고 나서, "미속은 비록 오늘 집정대신일지라도 내일 해직되면 평민과 같아져서 무릇 상공업에 종사하는 것이 자유롭고 구애받지 않는다"고 평가함으로써 미국에는 직업의 귀천이 없음을 알게 되었다. 심지어 박정양은 대통령 관저인 백악관이 "인민의 일반적인 집과 그다지 구별이 없고, 부자의 집과 비교하면 오히려 초라해 보일 정도로 매우 검소하다"고 평하기도 하였다. 《미행일기》, 1888년 8월 10일 자; 〈박정양 복명문답〉.

美俗拾遺
미속습유

역법曆法

율律·도度·량量·형衡 네 가지는 국가의 중요한 정사이다. 차례대로 역曆을 만드는 법을 살펴보면, 예수가 태어난 해를 원년(기년紀年)으로 삼는다. 올해 무자년戊子年【조선 개국 497년, 청국 광서 14년】은 서력 1888년이다.

1년은 열두 달로 나누며, 달에는 큰 달과 작은 달이 있다. 작은 달은 30일, 큰 달은 31일이다. 정월正月부터 7월까지는 홀수 달이 큰 달이고, 8월부터 12월까지는 짝수 달이 큰 달이다. 2월은 평월平月이라 하는데 28일이다. 1년을 통계하면 365일이어서 자연히 365도度에 부합하지만, 그 차고 남는 수인 4분의 1도가 쌓여 2년 걸러서(3년마다) 1일의 윤일閏日을 두는데, 윤일은 2월에 속하여 윤일이 드는 해에는 2월이 29일이 된다. 날은 7요일로 나누는데, 즉 일·월·화·수·목·금·토이다. 일요일은 예배일禮拜日이라고 부르며, 관리나 상인, 일반 인민 남녀 모두는 각자 일을 쉬고 교회(야소학당耶蘇學堂)에 가서 성경의 내용으로 설교하는 것을 듣는다.

하루는 24시간이며, 오전(주畫)과 오후(야夜)는 각각 12시간이다. 0시(축초丑初, 오전 1시)부터 낮 12시(오정午正)까지를 오전 12시간이라 부르고, 12시(미초未初, 오후 1시)부터 밤 12시(자정子正)까지를 오후 12시간이라 부른다. 1시간을 4각刻으로 나누고, 1각은 15분으로 나누며 60분이 쌓여서 1시간이 된다.

척도尺度

〈길이를 재는〉 척도의 규정은 8색은耗隱【푼分이다. 서양어음 식은】을 1인치(인취印取, inch, in)【촌寸이다. 서양어음 인취】로 삼는다. 1인치는 어림짐작으로 사람의 가운데 손가락의 중간 마디와 서로 비슷하다. 12인치는 1푸트(피트)(붓寬, foot/feet, ft)【척尺이다. 서양어음 풋】이다. 3푸트는 1야드(야野, yard, yd)【서양어음 야】이다. 1야드는 어림짐작으로 우리나라 바느질자(침척針尺)로 1자 7치이다. 비단 등 필疋을 단위로 하는 것은 모두 야드로 재고, 집을 짓고 땅을 측량하는 것 등은 모두 푸트로 잰다.

칭형稱衡

〈무게를 재는〉 저울에는 3등급이 있다. 첫 번째는 금칭金秤으로, 금·은·진주 등 보물에 사용한다. 24그레인(걸인틀仁, grain, gr)【푼分이다. 서양어음 쓰린】은 1페니웨이트(편의위扁依威, pennyweight, dwt)【전戔이다. 서양어음 편의윗】이고, 20페니웨이트는 1아운스(아운亞雲, ounce, oz)【냥兩이다. 서양어음 아운】이고, 12아운스는 1파운드(배운背雲, pound, lb)【근斤이다. 서양어음 바운】이다. 1아운스는 우리나라 약칭藥秤과 비교하면 8돈 3푼쭝이다.

두 번째는 약칭藥秤으로, 단지 약재에 사용한다. 20그레인은 1스크루플(석구루불昔久婁弗, scruple, scr)【서양어음 스크루풀】이다. 3스크루플은 1드램(두남斗南, dram, dw)【서양어음 쭈람】이다. 8드램은 1아운스이다. 1아운스는 금칭과 비교하면 서로 기준이 맞아 역시 12아운스는 1파운드이다.

세 번째는 상용칭常用秤으로, 금칭과 비교하면 조금 가벼워서 16드램이 1아운스이다. 1아운스는 우리나라 약칭과 비교하면 7돈 5푼쭝이고, 16아운스는 1파운드이다. 25파운드는 1쿼터(구어타久於他, quarter)【서양어음 구어타, 번역어는 4분의 1】이다. 4쿼터는 헌드레드(100)웨이트(위잇威偑, weight)【서양어음 위잇, 즉 칭稱이다. 1파운드는 1칭이다.

즉 25파운드의 4배는 헌드레드웨이트이다.】. 20헌드레드웨이트는 1톤(톤 頓, ton)【서양어음 톤이다. 이것이 미국에서 무게를 재는 정해진 제도이다. 그 러므로 쿼터·웨이트의 구분이 있지만, 실제로 2000파운드는 1톤이다.】이다. 동·철 및 소·말·돼지·양 등의 생물, 쌀 등의 곡물, 물고기·고기·채 소·차·과일 등의 식품류를 매매하는 데 사용하며, 우편으로 부치는 각종 물건과 서적류에도 역시 이 저울을 사용한다.

워싱턴경도 華盛頓京都

워싱턴은 미국의 수도(경도京都)이다. 경도를 설치한 후 88년 동안에 인민이 더욱 늘어나고 집들이 점점 번성하였다. 현재 인구는 거의 20여만 명이 넘는다. 집은 모두 벽돌이며 혹 벽돌 모양의 돌(전석磚石)을 사용한다. 위로는 10여 층부터 아래로 2, 3층까지 그 규모가 다른데, 유리창과 쇠로 만든 울타리는 튼튼하고도 사치스럽다.

알파벳(영문英文) 26자로 남북으로 세로로 뻗은 길의 번지를 정하고, 1·2·3·4 등의 숫자로 동서로 가로로 뻗은 길의 번지를 정한다. 집집마다 반드시 번호를 내거는데, 아무개 가街, 아무개 번番이라고 불러 도시를 구획하고 고찰하는 데 편리하도록 하였다. 또 가로는 정井 자로 구획하여 어지럽지 않다. 이미 집을 짓기 전에 도로를 구획하고 인민이 구획을 어기는 것을 허락하지 않는다. 그러므로 교통의 요충지인 5거리(5극五劇, 교차로)·도로와 양쪽에 인도가 있는 3가닥의 길·십자十字(십자로)·쌍가雙街 등이 어느 곳이든 똑같은 형태로 있다. 왕래가 빈번한 큰 거리에는 이따금 화원이 있는데, 화원 안에 화초와 나무를 심고 철제 의자를 설치하여 인민이 잠시 쉬는 데 편리하도록 하였다.

도로가 교차하는 곳마다 광장이 있는데, 광장에는 군복을 갖춰 입고 말을 탄 장군의 동상이 있다. 이는 미국의 전공戰功이 있는 인물을 상징하는 의미이다. 단지 워싱턴만 그러한 것이 아니다. 무릇 각 도·부와 각 항구 도처에도 모두 동일하다.

워싱턴은 넓은 들판에 자리 잡고 있어서 높은 산이 하나도 없고, 단지 평평한 산등성이와 산자락이 굽이굽이 돌아 동·서·북 3면을 둘러싸고 있는 것만 보인다. 한 줄기 맑은 강이 〈워싱턴의〉 남쪽을 돌아 흐른다. 물은 그다지 얕지 않아서 기선이 다닐 수 있으며, 강기슭은 그다지 넓지 않아서 모두 교량을 놓았다. 도내 개천에 흐르는 물은 모두 땅 속으로 흘러 강으로 들어가게 하였다.

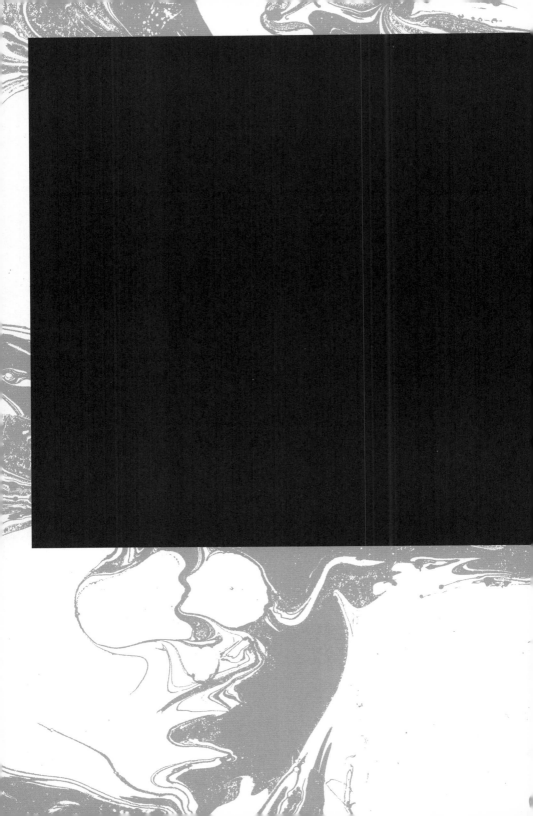

원문

일러두기

사용한 부호와 주요 쓰임은 다음과 같다.

  。: 서술문의 끝에 쓴다.
  ? : 의문문의 끝에 쓴다.
  ! : 감탄문의 끝에 쓴다.
  , : 문장의 구句 사이의 구분이 필요한 곳에 쓴다.
  、: 명사나 명사구, 긴밀한 관계의 구문이 병렬일 경우에 쓴다.
  : : 뒤의 내용을 제시한다.
" " ' ' : 인용문이나 강조를 나타낸다.
  □ : 결락된 글자를 나타낸다.
  ▨ : 훼손되어 판독이 불가능한 글자를 나타낸다.
【 】: 원문의 소주小註를 나타낸다.

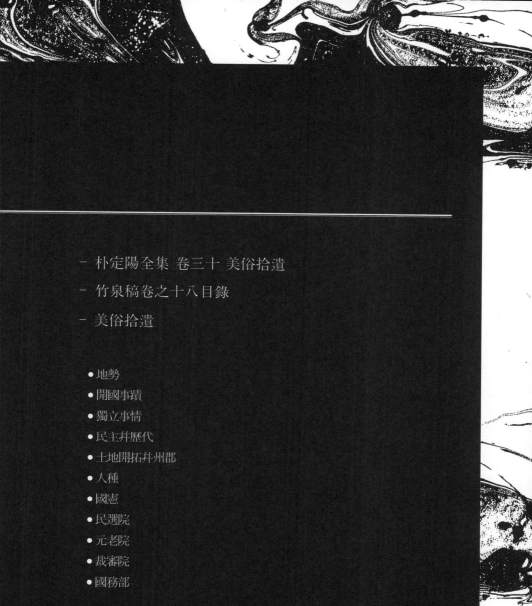

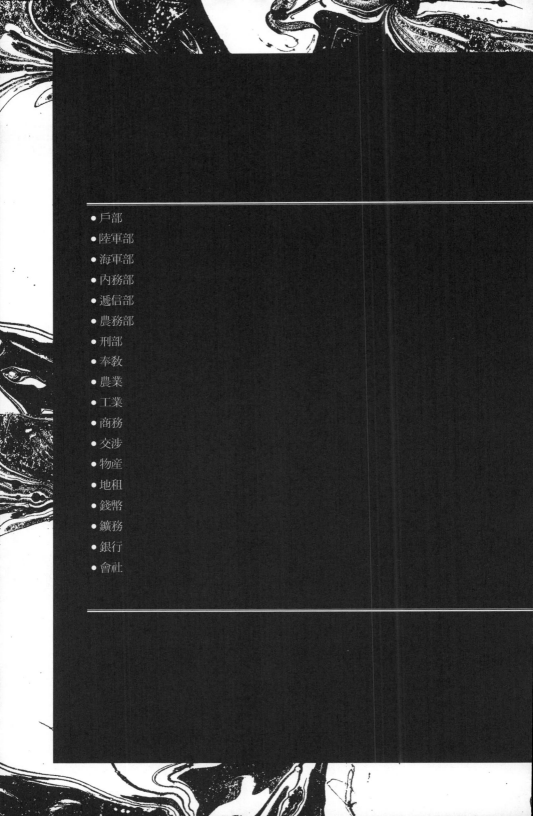

- 戶部
- 陸軍部
- 海軍部
- 內務部
- 遞信部
- 農務部
- 刑部
- 奉敎
- 農業
- 工業
- 商務
- 交涉
- 物產
- 地租
- 錢幣
- 鑛務
- 銀行
- 會社

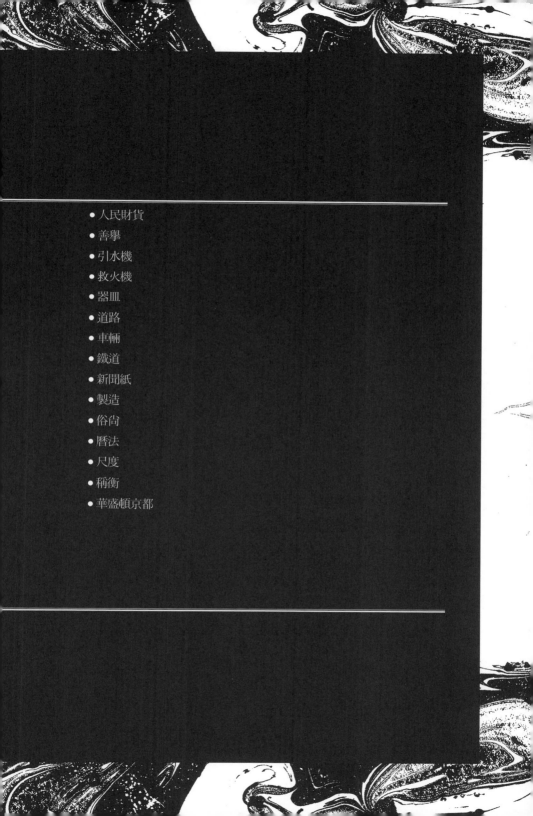

地勢

○ 按地球全圖, 西半球有阿美利加, 分南北兩洲。南[1]北俱以氷洋爲界。東界大西洋, 與歐羅巴▨□□□兩洲相望, 西界太平洋, 與亞細亞東境相▨□□□等。極西北一隅與亞細亞之極東北隅俄▨□□□棱地相對, 不過一帶海港。中央至北緯十▨▨▨▨境山脈不絶如縷, 此所以分南北兩洲之界▨。

北阿[2]美利加洲有美利堅合衆國, 南自北緯二十四度三[3]十分至四十九度, 經線自偏西六十六度四十分至一百二十五度三十二分。東界大西洋, 與歐羅巴之西班牙、葡萄牙等國相對, 北接英屬土加拏他, 以維尼百湖爲界, 西以太平洋爲界, 南以墨西哥爲界。東西八千五百五十里, 南北四千八百里。

有二大山, 東曰憂乃堅尼山, 高六千二百尺, 西曰鏤玉山, 高一萬七千尺。

---

[1] 대본에는 '▨' 인데, 문맥을 살펴 '南'으로 바로잡았다.
[2] 대본에는 '▨▨' 인데, 문맥을 살펴 '北阿'로 바로잡았다.
[3] 대본에는 '▨▨' 인데, 미국의 지리적 위치에 근거하여 '度三'으로 바로잡았다.

河以米瑞是瑞拾陂爲最, 其源發於▨▨▨阿湖, 南流入于海。 其支流東分者, 曰日隣□□河, 曰⁴烏何要河, 曰耶蘇河, 西分者, 曰敏矣秀他□□□□蕪玄尼氏河, 曰米瑞秀理河, 曰阿搴蘇河, □□□□以其道, 分流入海。

又其餘, 曰搴乃大昆河、□□□□乃渦河、瑞斯基旱那河、波都麻河、占瑞河、瑞□□□□于大西洋。

曰古論米阿河、沙哥民多河、山租京河、骨路乃度河、來阿采那河, 皆入太平洋。 其他名山、大川之擅名世界者, 亦多。 國居一洲⁵之正中, 中間土壤廣坦砥平, 種種有沙漠之地焉。

---

4 대본에는 '□□□□'인데, 문맥을 살펴 세 번째 자를 '河'로, 네 번째 자를 '曰'로 바로잡았다.

5 대본에는 '▨'인데, 문맥을 살펴 '洲'로 바로잡았다.

美俗拾遺
미속습유

開國事蹟

○ 在昔, 南北阿美理加洲土地未闢, 只有土番, 自成部落, 無君無長, 穴處露宿, 裸體而居, 殺人而食。歐人哥倫波者, 本是伊太利人, 西曆一千四百三十六年生于熟那亞, 幼時從其父學航海術。其族人哨巡海上, 與回敎人相抗, 哥倫波助之。敵人放火□船皆焚。哥倫波投水厪免。

　閒葡萄牙人方開航海學, 乃娶其國海客女爲妻。見其家所藏海圖及測量器, 忽悟地體之圓混, 慨然有西遊之志。是時, 歐洲各國未嫻航海之術, 或曰‘地盡處是鬼關’, 又或曰‘大洋盡處有怪物雜居’。適有葡萄牙人見巨蓆浮於海濱, 又有草木及雕刻木流于洋面, 又或有人尸自西漂至。哥倫波怳然大覺曰: “如無大陸, 豈有草木, 如無人居, 豈有漂尸?” 決意西航以驗其實。乃歸伊太利, 訴政府, 政府以爲狂不聽。

　乃再至說葡萄牙王約翰第二, 約翰疑之, 陰發數隻舶西航, 數日無所得。哥倫波怒, 提挈其妻孥, 在途丐乞, 至西班牙都城, 見王匪地難多說之, 王不信。居八年, 王后依薩伯拉獨信其言, 賣其所[6]藏寶[7]玉及粧具, 辦三隻船、共船夫一百二十人, 許[8]使哥倫波駕海邀功。時西曆

---

[6] 대본에는 ‘▨’ 인데, 문맥을 살펴 ‘甬’ 으로 바로잡았다.
[7] 대본에는 ‘▨’ 인데, 문맥을 살펴 ‘寶’ 로 바로잡았다.
[8] 대본에는 ‘▨’ 인데, 문맥을 살펴 ‘許’ 로 바로잡았다.

一千四百九十二年八月三日，而卽大明弘治五年也。

是時，歐人未創汽船之術。故船行太遲，費六十餘日，終不見陸地，只見潮水堅凝，船不得前進。舟人莫不膽落，竊罵哥倫波迂怪，固請回棹。哥倫波慰之諭之，約□日更進，忽見水淺波伏，葭葦滿江，陸鳥飛翔。已而夜深，遙望火光閃閃，隱映於波間。舟人喜極而泣曰："陸地在此！陸地在此！"夜黑不能駛帆，待天明傍岸。

哥倫波先欲示威，一手提劍、一手執旗，踴身上岸。土人驚愕，以爲神人乘大鳥從天降至，蓋初見船隻，疑其大鳥，指帆爲羽翼也。乃得三大島，曰古巴、曰海地、曰果亞那鰕，俱在今美利堅之東南海中。古巴、果亞那鰕二島尚屬西班牙管轄。海地島伊後沿革靡常，爲佛蘭西所據後幾年，本土紅種人猖獗，劫殺白人，自立爲共和政治，現今逾稱帝。

翌年正月，哥倫波遂多得黃金，歸西班牙，西班牙王厚禮待之。又明年，發十五隻船、一千五百兵西航，未克達陸，因西班人讒誣而逡還。至一千四百九十八年，更裝八隻船，載罪囚若干人，轉南而行，得若干島。一千五百二年，又西航至海地，有病逡歸。適是時，西班后卒，人爭哥倫波之功，讒間日至，竟不得錄其功。以西曆一千五百六年死，其塚在今海地島。

蓋哥倫波之四次西航，僅止群島，雖未達大陸。歐洲人自哥倫波以後，始開西航之路，人民次第遷居，白種人之來居此土，自哥倫波時始焉。至一千四百九十九年，英國人加波智奉王命西航，始達大陸，先得拉不拉多地方。伊後有佛蘭西人阿美理加者，屢至此土，纂輯其風土、形便，刊行于世。故世人因取其人名，稱其地曰'亞美理加洲'云。

獨立事情

○ 西曆一千五百六十五年, 西班[9]牙人抵佛魯里大【卽今美國南方大州也】, 墾闢土地, 營聚人民。又於一千六百七年, 英國政府人紐波爾智至米瑞是瑞拾陂, 設府於米瑞河上。從此英人日趨, 歐洲各國, 如佛蘭西、如荷蘭、如丁抹、如西班牙、如澳地利等國, 無恒産浮浪之民、犯重案漏網之輩, 蟻集蜂屯。白種日蕃月增, 每與土番相爭, 受寇太甚, 居民不堪其害。

乃控訴於英王惹母斯, 請隸版圖。英王命總督一人、副官六人鎭撫之, 自是土地人民摠歸英國管轄。法蘭西人亦多開墾之功, 而法政府不能分土地之利。緣此兩國開釁, 連年搆兵, 至一千六百六十三年始講和。英國以兵費等債積, 至一億八千四百萬磅之多。英王若耳治第三乃發令曰: "國債之夥多, 旣緣美人, 則美人當償其債。" 仍行課稅于美。

一千七百六十四年, 英國政府添其稅款。明年又設印稅法, 凡國內買賣貨物必貼印紙, 下自一錢上至三十圓, 不遵者施律。先是, 自英國只派總督一人、副官六人, 以爲管轄而已, 至於立法、行政等務, 總自美國民會選擧議員, 掌其權利。至是, 英政府更爲發令, 議員有缺,

---

⁹ 대본에는 '□' 인데, 문맥을 살펴 '班' 을 보충하였다.

不許美人充代。是以, 美人內憤徵稅之苛責、外失議員之權利, 物情怐怐, 轉相告之曰: "天之所以與我者, 我不得棄, 人不得奪, 是自主自立之權也。人君之職在使人保其天之所以與之者, 而英王欲奪之, 若不及今絶之, 吾輩行將魚肉矣。"

又明年, 英政府停印稅法以慰之, 只徵賦稅。美人終不聽曰: "旣有自立之權, 図可納稅之。"爲一口唱之, 衆心共和。英政府更減稅額, 派兵鎭撫。美中部、南部之民雖稍解憤, 獨東部民不肯屈意, 抗英益固, 雖婦人、孺子皆立自主之義。嘗有東部布須頓府兒童遊戲池邊, 聚氷爲堆。英兵過之, 以杖散氷, 童子輩謁訴鎭將。雖一毫不欲挫於人, 可見其衆心之如城也。

先是, 英國徵茶葉稅, 美人仍不飮茶。適是時, 東印度商會船數隻載茶泊布須頓港。港民暗做土番打扮, 潛入其船, 取其茶三百四十餘橵, 投之海中。人皆稱快, 或人繪其投茶之像, 尙傳于今。英政府仍封其港, 由此美人漸不奉英國政令。

至一千七百七十四年九月四日, 美十三部民會員齊會于邊瑟邊依阿州匹羅達皮阿府, 發議請英王還其所派之兵。英王大怒, 增兵益侵, 再三奏請, 終不允許。美人一時奮聲曰: "若不及今獨立, 有死無生而已!"萬口同辭, 決議一戰。至翌年四月十八日, 以農民編兵, 人皆銳意, 期以必死。甚至有一老嫗授鈍刀其子曰: "當敵勿退!"又有一老農戒其子曰: "若不樹立大功, 勿復來見我!"

是時, 美將布勒蘇格與英將合戰于每瑞斯趨洗處及沙禮西頓等地。英兵大敗, 死者一千五百餘人, 美兵死者四百五十餘人。由是美兵大振聲勢, 誰云不鍊之兵, 眞可謂不如人和者也。於是, 美人特推華盛頓爲元帥。

夫華盛頓者, 美南部孛於眞於州西㕑爾蘭人也。家世業農, 自幼時誠心懇實, 不飾邊幅。其父嘗出外, 華盛頓執斧鏨田, 誤斬一樹, 是樹係其父所愛重者也。其父還詰之, 華盛頓以實對, 其父喜曰: "有樹千本, 寧若兒子之無一虛言也。"

年十一, 父病歿, 事其母以孝。其母賢哲, 亦不以慈愛或怠其敎。雖在齔齡, 講武能文, 豁達有大志。與群兒遊戲, 節制裁斷, 各臻其宜, 衆無不服者。

十六歲, 舉度地官有偉績。適有法國移民侵烏何要、每瑞斯趨洗處等地, 又有土番結隊抄寇, 英政府令各州募勇扞禦。華盛頓率若干兵, 慰撫土番, 詰責法將。法將不聽, 與之戰樹大勳, 遂謝病歸田里, 杜門不出。

至是, 爲衆人所推爲元帥, 乃以佛蘭克林、阿丹士、遮費遜、思智賓、加爾孚等爲副, 並參機務。元帥定月俸五百圓, 華盛頓不受曰: "方與諸君興大事業, 豈可爲身謀利乎? 只可隨用隨辦。"衆皆服其義。

華盛頓乃赴布須頓, 與英兵對壘, 寄書檄於各地方副將曰: "與敵相爭, 勿侵人民。軍中需用, 卽償其價, 兵卒害民者, 必罰勿貸。"是時, 英將傑日待俘虜太虐, 華盛頓以書諫之, 不聽。華盛頓待俘虜, 猶且寬優施恩。屢戰或勝或敗。至翌年, 英人棄布須頓去之。

美各部紳董齊會于匹羅達皮阿府, 乃自立, 國號曰: "合衆國。"華盛頓大會軍民, 朗讀誓文曰: "英王不法, 損我商船, 劫我財貨, 革我民丁, 毁我兵器。我雖忍憤, 彼益肆虐。是英王驅我創國, 非我衆叛英自立。凡我一國之民, 自今永不奉英王政令。"仍著英王虐政十六罪, 告布各州。是時, 美人會于匹羅達皮阿者數萬, 衆口一言, 無敢違者。紐育民衆拏出英[10]王若耳治第三金像, 碎而鎔之, 作爲彈丸。時則西曆一千七百七十六年八月, 卽我國英廟五十二年丙申歲也。

華盛頓與英兵轉戰屢敗。英兵後援益衆, 美兵糧乏多病, 群情洶湧。華盛頓恐衆心驚解, 乃求援兵於法國。法國素與英國有釁, 欣然諾之, 發兵來助。華盛頓兵▨▨大振。紳董會議, 取象十三州合心之義, 定旗章▨▨十三線, 世或稱'花旗'。

一千七百八十一年十月, 華盛[11]頓率勇兵一萬二千, 破英將閣龍華理斯於約頓府, 追躡急擊。英兵大敗, 死傷五百五十餘人, 就擒七千十五人。自此美兵大振, 鋒銳益精。華盛頓力戰八載, 歷盡無限艱險, 志氣愈奮。且法國、西班牙、荷蘭諸國共力助之。英兵前後受敵, 兵勢日挫, 英政府諸大臣深以爲憂。積年兵燹, 人民塗炭, 衆勸英王許美人獨立, 英王不得已從之。乃於一千七百八十三年一月二十日, 英人與美人、法人會盟于法京巴黎, 斯認許美人獨立自主。

十一月, 華盛頓只留戰艦二十隻, 額兵一萬人以守之, 其餘並皆解遣, 十二月, 謝兵權, 歸田里。麾下親信將士亦願從者多, 車馬擁路, 觀者如堵。鄉閭父老遮道相賀曰:"吾輩今日之能免英人魚肉, 是誰賜也!"

華盛頓歸養田廬, 淡泊自持, 不以世間事介意, 永矢優遊以終平生。乃於一千七百八十七年, 又爲衆人所推, 行大統領事, 定都于匹羅達皮阿。後, 一千八百年, 他馬儲布順爲大統領, 遷都于骨倫比, 乃取華盛頓之名, 名其地曰'華盛頓', 卽今日京都也。

---

[10] 대본에는 '▨' 인데, 문맥을 살펴 '英' 으로 바로잡았다.
[11] 대본에는 '□□' 로 되어 있는데, 문맥을 살펴 '華盛' 으로 바로잡았다.

美俗拾遺
미속습유

民主并歷代

○ 華盛頓旣爲大統領, 一國人民懽欣相慶, 將卒請爲國王世襲。華盛頓慨然不樂曰: "天生斯民, 或有賢愚之不齊, 必使宿德重望者, 統治億兆, 所以體上天好生之心, 廣布其德, 以齊其不齊。若使帝王世襲, 不問賢否, 以臨其位, 則是私上天之公心。且念吾輩今日獨立爲英王虐政, 而若世襲王位, 安知後日又不有虐政之英王乎?" 衆皆服其明, 莫敢岐言。遂議定國憲, 有大統領、副統領之任, 每以四年爲限。

夫大統領推選之規, 現任大統領每於在任之第三年, 布諭于各州民人, 使之齊會, 各該州議選其誠心秉公、衆望所推者, 爲公擧人。其額視該州大小, 但無踰於該州派送元老、民選兩院議員之數。而現帶兩院議員及在官者與居住華盛頓者, 不得與其擧, 蓋恐有阿附行私之嫌也。

各該公擧人, 於當年十二月, 齊會薦選。而但生長本土、年過三十五以上、入籍十四年以上者, 可被是選。考閱各民人選單, 取其民薦最多數者, 爲候補大統領, 其次爲副統領, 精寫二人姓名, 藏篋蓋印, 遞送于國會堂元老院。至明年二月, 現任大統領率元老、民選諸員及各部官人, 至國會堂民選院, 次第就坐, 武弁進篋啓鑰。元老一人奉冊告衆曰: "某甲爲若干籌現, 立爲大統領, 某乙爲若干籌現, 任爲副統領。"

於是, 派使於新任大統領, 陪詣於元老院。副統領以下大審官、元老、民選、各部[12]官及各國公使, 皆俱公服, 隨序就坐, 新統領詣高臺正中而坐。大審官宣讀誓文曰:"君臨聯邦, 恪供天職, 原續政典遵守莫失。"儀畢, 放砲慶賀。

大統領總裁一國政務。副統領無職, 例帶元老院長官, 若大統領有缺則充代之。舊統領退任還田里, 與庶民同齒。至於各州亦有正、副統領之任, 以治該地方, 其推選、任限之規, 與此無違也。

華盛頓在任四年, 又爲衆望所推, 再任四年。前後八年之間, 政規、法令、課稅、財用均得便宜, 美國之富强, 實基於此。再任滿限, 民望又願一期, 華盛頓曰:"若此不已, 後人必有以我爲口實, 沿襲開端, 恐爲他日世襲之位。"乃麗然辭任, 還其鄕廬, 優遊自適。一千七百九十八年十二月十三日卒, 年六十七。擧國痛慕, 至今不衰。

華盛頓以後, 約翰阿丹士繼之, 一遵華盛頓遺規。伊後, 曰他馬儲布順, 再任八載之間。

於一千八百七年, 邊瑟邊依阿州人羅霸普爾頓始造蒸氣船, 各國爭倣, 現行全球。曰諸任斯馬多遜, 再任限滿。曰諸任斯勿越, 又再任限滿。曰金時阿丹士【約翰之子】, 始造鐵路。曰顏斗屢色順, 再任限滿。

曰馬天班番, 曰蔚林魚就海里順, 曰朝隱台日羅, 曰諸任斯巨布兀巨, 曰士秋里台日羅, 曰密乃魚匹没, 曰弗黑巨乙順皮爾斯, 曰諸任斯布堪蘭。

曰愛弗厓驗稜根, 時適南北美黨以黑奴免贖事開仗之擧, 討亂立功, 再任之翌年, 與夫人同車, 觀光於戲場, 爲刺客所殺。曰顏斗妻肇隱先, 以罪爲民選院論駁黜斥之。曰柔禮斯巨蘭他, 南北開仗時, 以大

---

12 대본에는 '▨'로 되어 있는데, 문맥을 살펴 '部'로 바로잡았다.

都督立功人也, 再任限滿。

曰乙窩多布凡沸惠耳斯。曰諸任斯隈甲皮逸, 於紐約遊賞之行, 爲
狂客砲殺。曰崔時他依阿多。曰勤來班蘭多, 卽現今大統領也, 於
一千八百八十五年, 爲▨□□推膺是任。自華盛頓距今, 共二十二世。

土地開拓并州郡

○ 土地則開拓未久, 尚多蕪穢。於西曆一千七百八[13]十四年獨立之時, 無過爲十三州, 人口不多, 地□□漠, 悉歸官有, 自上下議院及內務部管理。隨其土□之腴瘠, 較其形便之優劣, 分爲二種, 定以恒價。第一種地, 每於乞【於乞, 洋音:에글。一於乞爲四萬三千五百二十方尺假量。】, 最低價爲一圓二十五錢。第二種地, 每於乞, 最低價爲二圓二十五錢。每部落, 必有六百四十於乞以屬學校田, 補其費項。而凡係官有者, 人民欲得其地, 必入銀購。

此外又有人民私有之規, 分爲二款。第一款, 無論土着與外國人, 現住其土, 以事耕作, 過二十一歲, 則授一種地一百六十於乞, 或二種地八十於乞, 更過五年耕作, 定爲地主。只納其記錄、免許等費, 伊後每年惟有地租若干。第二款, 人民若植樹於山, 爲五於乞以上者, 經二年培養, 則授第二種地八十於乞。若植樹十於乞, 授地亦倍焉, 更過三年耕作, 定爲地主。此爲募集人民、墾耕土地之術。

而生聚一千二三百人, 必置醫師、法師各一人, 民額倍之, 則醫、法師亦倍焉。至四萬人, 築城邑爲一部, 至民數額滿五十萬口以上者,

---

13 대본에는 '□□'로 되어 있는데, 사실에 근거하여 '百八'으로 바로잡았다.

準其自立爲州。是故, 人民日聚, 土地日闢, 或有新開成州者, 或有分一州爲二州者。現今爲三十八州、十一郡。郡者, 民額未滿, 姑未成州之稱也。

東有六州。一曰緬【洋音:메인】, 昔與馬塞秋世處州合, 今分地, 在緯北四十二度五十七分至四十七度三十二分、經西六十六度五十二分至七十一度六分, 會城奧格▨打, 市鎭鉢倫埠。

二曰紐咸瑞【洋音:뉴함쓰, 華譯:紐罕什爾, 日譯:紐▨□西】, 初附馬塞秋世處州, 又附紐育, 今分地, 在緯北四十二度四十分至四十五度十二分、經西七十度四十分至七十二度八十八分, 會城庸曷城, 市鎭有曰文遮瑞大、曰砵瑞毛庶二處。

三曰布門太【洋音:오몬트, 華譯:洼滿地, 日譯:伯爾門多】, 在緯北四十二度四十四分至四十五度, 經偏西七十一度三十四分至七十三度二十六分, 會城們皮里阿, 市鎭巴連頓埠爲最, 又有愍布廣馬谷湖。

四曰馬塞秋世處【洋音:마쓰추셰쳐, 華譯:麻沙朱色土, 日譯:馬錫都塞蘇】, 地在緯北四十一度十五分至四十二度五十二分、經西六十九度五十四分至七十度三十五分, 會城寶須頓, 市鎭曰紐皮里砵、曰奴論庶奴亞、曰瓦詩庶太、曰短安頓、曰庶寶仍富日, 皆巨處也。

五曰婁大挨日論【洋音:누드이일논, 華譯:洛哀論, 日譯:魯士島】, 在緯北四十一度十八分至四十二度三分、經西七十一度八分至七十一度五十八分, 會城布羅非頓庶, 市鎭曰奴砵、曰巨闌尼吉。

六曰摯乃大崑【洋音:컨넷에컷, 華譯:干捏底吉, 日譯:干尼克智克土】, 在緯北四十一度零至四十二度二分、經西七十一度四十六分至七十三度五十分, 會城阿富興。

中三州。一曰紐育【洋音:뉴욕, 或稱紐約】, 在緯北四十度三十分至四十五度、經西七十一度五十四分至七十九度五十七分, 會城曰戞密里, 曰紐育、曰寶魯、曰巴富路、曰第來、曰露庶邊太等皆巨處, 而歐亞船舶由大西洋始泊處, 故爲一國內第一要港也。

二曰紐貯是【洋音:뉴져시, 華譯:紐折爾西, 日譯:紐日耳西】, 在緯北三十八度五十五分至四十一度二十一分、經西七十三度五十八分至七十五度二十九分, 會城大伊仍頓, 市鎭奴寶阿埠。

三曰邊瑟邊依阿【洋音:변실번의아, 華譯:賓夕爾勒尼安, 日譯:邊西爾波尼亞】, 在緯北四十九度四十三分至四十二度、經西七十四度四十分至四十度三十六分, 會城巨利庶倍, 市鎭匹羅達皮阿, 卽舊日美都, 爲全國工匠製造之最首。

南十五州。一曰富於眞於【洋音:쌔진어, 華譯:勿爾吉尼阿, 日譯:美爾西尼亞】, 在緯北三十六度三十分至三十九度四十分、經西七十五度十分至七十三度三十三分, 會城利支完, 市鎭曰富麗太羅庶倍、曰非太庶陌。

二曰西富於眞於【洋音:웨싯쌔진어, 華、日譯竝同上】, 在緯北三十七度十分至四十度二十分、經西七十七度四十七分至八十二度三十二分, 會城威靈, 市鎭曰差庶頓, 曰倍加庶倍。

三曰北噲老羅里那【洋音:노쓰키로라이나, 華譯:北喀爾勒羅, 日譯:北加羅里那】, 在緯北三十三度五十分至三十六度三十分、經西七十五度二十五分至八十四度三十分, 會城羅利, 市鎭曰威仍, 曰紐完。

四曰南噲老羅里那【洋音:싸오쓰키로라이나】, 在緯北三十二度四分至三十五度十二分、經西七十八度二十五分至[14]七十三度十九分,

會城巨論米亞, 市鎭斯庶頓。

五曰肇智於【洋音:죠시어, 華譯:若爾治阿, 日譯:惹爾日亞】, 在緯北三十二度二十二分至三十五度、經西八十度四十八分至八十六度四十分, 會城阿闌太, 市鎭曰米麗池、曰時馬那。

六曰佛魯里大【洋音:불로리듸, 華譯:佛勒釐大, 日譯:佛魯里達】, 在緯北二十四度三十分至三十一度、經西八十度一分至八十七度四十六分, 會城太羅憂是, 市鎭曰山河吉庶川、曰山麥、曰基倭庶。

七曰侃德基【洋音:킨턱키, 華譯:堅德基, 日譯:堅托基】, 在緯北三十六度三十分至三十九度六分、經西八十二度二分至八十九度四十分, 會城附闌布, 市鎭周庶倭。

八曰達羅渦伊【洋音:델에워, 華譯:特爾拉華, 日譯:達拉華爾】, 在緯北三十八度二十八分至三十九度四十七分、經西七十四度五十六分至七十五度四十六分, 會城桃華, 市鎭倭靈頓。

九曰馬日蘭大【洋音:머뤼닌드, 華譯:馬理蘭, 日譯:馬里蘭土】, 在緯北四十八度至三十九度四十三分、經西七十五度四分至七十九度三十三分, 會城安羅布里, 市鎭曰叓沈於、曰佛禮大乃。

十曰戞阿巴麻【洋音:알아꽤마, 華[15]譯:阿拉巴麻, 日譯[16]:亞拉波麻】, 在緯北三十一度十分至三十五度、經西八十四度五十三分至八十八

---

[14] 대본에는 '▨' 으로 되어 있는데, 문맥을 살펴 '至' 로 바로잡았다.
[15] 대본에는 '▨' 으로 되어 있는데, 문맥을 살펴 '華' 로 바로잡았다.
[16] 대본에는 '▨' 으로 되어 있는데, 문맥을 살펴 '譯' 으로 바로잡았다.

度三十分, 會城完甘寶里, 市鎮麻密威大。

十一曰娄是阿那【洋音:루시아나, 華譯:魯安西納, 日譯:路易西亞那】, 在緯北二十七度五十五分至三十三度、經西八十八度四十分至九十二度二十三分, 會城舊以巴頓魯, 今遷紐阿連埠。

十二曰澤庶於瑞【洋音:틱스어스, 華譯:得撒士, 日譯:達基薩斯】, 在緯北二十五度四十五分至三十六度三十分、經西九十三度三十分至一百六度四十五分, 會城奧庶天, 市鎮曰嘉隈庶頓、曰布庶頓。

十三曰米瑞拾陂【洋音:미스십피, 華音:密士失必, 日譯:密失秘】, 在緯北三十度十分至三十五度、經西八十八度十二分至九十一度三十六分, 會城致新, 市鎮曰倭庶巴、曰那致庶、曰阿巴天。

十四曰阿搴蘇【洋音:아컨쇼, 華譯:阿干沙士, 日[17]譯:阿爾干薩】在緯北三十三度至三十六度三十分、經西八十九度四十分至九十六度四十二分, 會城大節那。

十五曰典乃是【洋音:던네시, 華譯:田納西, 日譯:典熱西】, 在緯北三十五度至三十六度三十五分、經西八十一度三十七分至九十度二十八分, 會城那庶倭日, 市鎮曰沔非庶、曰差丹奴。

西十四州。一曰烏河要【洋音:오하요, 華譯:倭海阿, 日譯:疴倭】, 在緯北三十八度二十四分至四十二度、經西八十度三十四分至八十四度四十二分,[18] 會城古偏巴庶, 港埠曰新時那大、曰阿彬頓、曰吉理夫

---

[17] 대본에는 '□'로 되어 있는데, 문맥을 살펴 '日'로 바로잡았다.
[18] 대본에는 '▨'으로 되어 있는데, 문맥을 살펴 '分'으로 바로잡았다.

美俗拾遺
미속습유

闌、曰支里巨夫、曰都里道。

二曰骨路乃度【洋音:콜로뻬드, 華譯:哥羅拉度, 日譯:古羅拉度】, 在緯北三十七度至四十一度、經西一百二度至一百九度, 會城顚化, 此係近年新升爲州者也。

三曰敏矣秀他【洋音:민늬슈타, 華譯:閩尼疏大, 日譯:美尼蘇太】, 在緯北四十二度三十分至四十九度、經西八十九度三十分至九十七度四分, 會城聖戶羅, 市鎮敏矣戶利庶。

四曰日隣烏衣庶【洋音:일린오의스, 華譯:衣隣奴士, 日譯:伊爾里那伊期】, 在緯北三十七度至四十二度三十分、經西八十七度四十九分至九十一度二十八分, 會城庶富仍非伊, 市鎮曰詩可古、曰別伊亞。

五曰美秀干【洋音:미쉬간, 華譯:密執安, 日譯:美智干】在緯北四十一度四十分至四十三度四十六分、經西八十度二十五分至九十度三十四分, 會城蘭新, 市鎮大儲來。

六曰威瑞拳信【洋音:위스컨신, 華譯:威士干遜, 日譯:威斯干信】, 在緯北四十二度三十分至四十六度五十八分、經西八十七度八分至九十二度五十四分, 會城梅里新, 市鎮美保基。

七曰阿伊渦【洋音:아이오와, 華譯:挨阿華, 日譯:伊疴華】, 在緯北四十二度二十分至四十三度三十分、經西九十度二十分至九十六度五十三分, 會城地庶沒湮, 市鎮地雲㐌。

八曰米瑞秀里【洋音:미스슈뤼, 華譯:米蘇里, 日譯:密索里】, 在緯北三十六度三十三分至四十度三十分、經西八十八度五十五分至九十五度三十八分, 會城資肥新, 市鎮曰聖來、曰巾斯庶、曰聖塞育。

九曰阿利拳【洋音:어리건, 華譯:阿利堅, 日譯:疴列根】, 在緯北

四十二度至四十六度十八分、經西一百十六度四十四分至一百二十四度二十八分, 會城錫秀, 市鎭曰阿利根, 曰砵崙。

十曰葛利布乃阿【洋音:갈늬포늬아, 華譯:加科尼亞, 日譯:加利福尼】在緯北三十二度二十分至四十二度、經西一百十四度二十分至一百二十四度二十五分, 會城斯加滿都, 市鎭曰珊布蘭是時古【卽桑港, 或稱舊金山】、曰馬理庶鬱、曰屋倫等埠, 皆亞州商舶通行處, 而曾係墨西哥國屬地, 四十年前, 美國買之。

十一曰侃煞瑞【洋音:킨사쓰, 華譯:甘色士, 日譯:干薩斯】, 在緯北三十七度至四十度、經西九十四度四十分至一百二度, 會城都基加, 市鎭利分嘉庶。

十二曰尼佛來錫迦【洋音:늬부릭셔카, 華譯:尼不拉士格, 日譯:尼不拉斯加】, 在緯北四十度至四十三度、經西九十四度三十四分至一百四度, 會城仍搴, 市鎭曰五馬河、曰夫利完。

十三曰立渦多【洋音:늬봐다, 華譯:尼華大, 日譯:尼波大】, 在緯北三十七度至四十二度、經西一百十五度至一百二十度, 會城巨臣, 市鎭曰古。

十四曰印度亞那【洋音:인듸아나, 華譯:英釐安納, 日譯:印度亞那】, 在緯北三十七度五十一分至四十一度四十六分、經西八十四度四十九分至八十八度二分, 會城印度亞那濠里庶, 爲十四路火車匯合要衝處也。

夫十一郡。一曰骨凛比阿【洋音:골늠비아, 華譯:哥倫米亞, 日譯:古倫比亞地方】, 在緯北三十八度五十一分至三十九度、經西七十六度五十八分至七十七度六分, 卽美國京畿, 華盛頓所都, 而隔溪有地名

貯翠宕, 卽美人始都時, 先拓處也。

二曰紐墨西哥【洋音:누믹시고, 華、日譯竝同】, 在緯北三十一度三十分至三十七度、經西一百三度二分至一百九度二分, 有一埠曰仙他非。

三曰華盛頓【洋音:와싱돈, 華、日譯竝同】, 與美都同名, 而在緯北四十五度四十分至四十九度、經偏西一百十四度四分至一百二十四度三十二分, 西近太平洋海岸, 有埠曰阿仍比阿。

四曰宥太【洋音:유틱, 華譯:烏大, 日譯:宇太】, 在緯北三十七度至四十二度、經西一百九度三分至一百十五度三分, 其埠曰鹽湖、曰屋倫。

五曰滿他那【洋音:먼타나, 華譯:滿單拏, 日譯:門多那地方】, 在緯北四十四度二十四分至四十九度、經西一百四度至一百十六度, 其埠曰富支那、曰地連那。

六曰渦要明【洋音:와요밍, 華譯:懷阿名, 日譯:華伊病民】, 在緯北四十一度至四十五度、經西一百四度至一百十一度, 其埠曰賽煙、曰伊隱庶頓。

七曰德具他【洋音:더쿠타, 華譯:咓哥大, 日譯:達加太】, 在緯北四十二度二十分至四十九度、經西九十六度二十分至一百四度, 其埠曰煙頓。

八曰阿伊多濠【洋音:아이다호, 華譯:衣打賀, 日譯:伊達保】, 在緯北四十二度至四十九度、經西一百十一度二分至一百十七度四分, 其埠杯庶是大。

九曰亞里秀那【洋音:아리슈나, 華譯:亞里孫拏, 日譯:亞里索那】, 在緯北三十一度三十分至三十七度、經西一百九度至一百十七度十五

分, 其埠豆臣。

十曰印度地方【洋音:인듸아테리토리, 日譯同, 華譯:野番部】, 在緯北三十三度三十五分至三十七度、經西九十四度二十分至一百度, 此皆土番所居, 而稍通人性爲熟番者, 約八千餘人。

十一曰憂羅斯加【洋音:알나사까, 華譯:阿拉士格, 日譯:亞臘斯加】, 在緯北五十四度四十分至七十一度二十四分、經西一百三十度二十一分至一百六十六度十三分, 北界北氷洋, 南界太平洋。不與美國相連, 另在一隅, 購得於俄國者。而天寒地瘠, 是係土番所居不甚蕃育也。

每州各有正、副統領及各部官, 任與國政府一規, 均由民選。每郡亦各有統領, 是由政府派送其下各官, 任亦由民選。而州郡政法雖遵政府定例, 或因風土, 或緣俗尚, 略有不等。

人種

○ 人種有四種色。曰白種, 是係歐洲人遺裔, 其額最多, 智識聰明, 才藝且備, 故自主一國內上等權利。曰黑種, 是係阿非利加洲、印度等國人遺裔, 其額為次。在昔并隸白種人奴僕, 自數十年來, 雖許免贖, 與平民同齒, 才智羣愚, 舊俗成習, 尚不得自主之權利也。

曰紅種, 即本土野番之遺裔, 僻處一隅, 衣服飲食自有其俗, 尚不歸化。美國人民并以禽獸視之。

曰雜種, 或白父黑母, 或黑父紅母, 其色非白、非黑、非紅。而白父黑母者之權利, 猶居黑種之上, 黑父紅母者之權利, 反居黑種之下也。

人口查調, 各州每年核之, 自政府每以十年一度總調。而一千八百七十年總計男女人口, 白種三千三百五十九萬二千二百四十五人, 黑種四百八十八萬六千三百八十七人, 土番及雜種之歸化納租入籍者, 二萬五千七百三十一人, 清國人之來住有恒産者, 六萬八千二百五十四人。至一千八百八十年總計人口, 合為五千十五萬五千七百八十三人內, 白種四千三百四十萬二千九百七十人, 黑種六百五十八萬七百九十三人, 土番六萬六千四百七人, 清國人十萬五千六百十三人。此外白種、黑種之自他國新到不為入籍者, 土番之姑未歸化者, 及清國人或往或來無恒産者, 不在此額。

蓋此國係是新闢, 故地廣人少, 俗醇政寬, 各國人民日趨月增, 每年本土之生産者外, 自他處流寓者, 洽為百萬之多, 則嗣後之蕃衍, 不可勝料也。

國憲

○ 國憲有三大權。一曰立法權, 元老、民選兩院掌之。凡屬全國內各樣稅額之或增或減、法律規條之或革或創, 必自民選院發議畫定, 以呈於元老院。元老院閱其可否, 否則再議, 可則以獻於大統領。大統領意見與兩院相符, 則仍爲認行, 否則再議。

二曰行政權, 大統領掌之。所以行其兩院議立之政法也。

三曰司法權, 裁審院掌之。凡屬法律之由兩院議立者, 摠歸裁審院, 管領裁判。雖大統領若有違規非法, 則該院論駁黜斥, 故其權甚重也。

各有定權, 立法之院不敢與議於行政、司法之權, 司法之官亦不敢與議於立法、行政之權。現今分置八部、三院。

三院者, 曰裁審院, 曰元老院, 曰民選院, 俱在國會堂構內。八部者, 曰國務部, 曰戶部, 曰陸軍部, 曰海軍部, 曰內務部, 曰遞信部, 曰農務部, 曰刑部。此皆輔佐大統領, 分掌行政之權, 故俱在大統領館舍近地。大統領以下年俸, 各有定式。大統領每年五萬元, 副統領一萬元, 裁審長官一萬五千元, 八部長官各八千元, 上下議院會員均六千元, 裁審院次官及各部次官上自六千元下至四千五百元, 其外屬員等上自二千元下至五百元不等。

民選院

○ 民選院者, 卽所謂下議院也。議員則自各州民會薦剡, 而不得人人皆薦。必男子年過二十一歲、納地租、有恒産者, 能秉選擧之權, 而必年過二十五以上、住本土經七年者, 可膺其選。各州無定額, 每於九萬三千五百人中取一人。或一州二三人, 或四五人, 隨其地方之大小、人民之多寡。故歲加年增, 現今議員爲三百餘人。任期每以二年爲限, 每年十二月, 齊赴該院開會, 自議員中公推一人爲議長。陽年至三月止會, 陰年至六月止會, 或有事拖至多月, 此其定規。

而凡屬政令、法律、租稅等各樣立規及各國通商、交涉、派使、接使之或可或否, 先自該院擬議, 成案以呈于元老院, 元老院認可, 稟呈于大統領。大統領與兩院意見相符, 然後遵行。所以一國內立規、議事之權, 專在該院也。

元老院

○ 元老院者, 卽所謂上議院也。議員則自各州民會推其該州會員中有聲望、有學識、年過三十以上、住本土九年者。每州各薦剡二員, 現今三十八州共七十六人。議長則副統領例帶之。副統領或有缺, 以該院議員一人推選補之。議長、議員任期, 竝以六年爲限。

分三班入院, 假如甲年某甲人一班入院, 乙年某乙人一班入院, 丙年某丙人一班入院, 丁年又爲某甲一班入院, 乙、丙兩班亦隨序入院。班盡任滿, 更換新班。是故, 任期雖曰六年, 其實四年, 視任無過二年也。

每年開會、止會之期, 與民選院一例。而每年十二月首日曜日, 與民選議員一次會合, 同議一國政典, 有緊要事件, 或臨時再會。蓋該院亦係議事之地, 凡屬立法議典, 與民選院同秉其權。故國之大事, 皆決於兩院, 而該院較民選院, 尤有重焉。大統領行政得失、用人可否, 亦必質議於該院, 得其認可, 然後行之也。

裁審院

○ 裁審院者, 專掌一國內法律、裁判、審斷之權。該官俱係大統領簡選, 以通鍊事務、詳解法學者指名, 屬議於元老院, 皆曰可也, 然後任職。而任期不拘年限, 以終其身。該院中分爲三等。

一曰高等裁審院, 置官九人, 九人中推一人爲長官。凡係犯法、獄訟、爭鬪、財貨、倫紀等犯案, 各有分掌。每年十二月首日曜日, 一次會審案件, 雖不必全數會集, 若不滿四人, 不成裁審。

二曰中等裁審院, 別爲九所, 分掌國內各州、或兼三州、或兼四州。立官句管, 以高等裁審官九人, 分爲九所長官, 每年二次會審。

三曰下等裁審院, 隨一國內州郡之數, 排分定所, 各置一官, 視其地方大小, 或專管一州, 或分管半州每, 年四次會審。

審不公準, 其受枉者之控訴於高等裁審院。而中等院之受枉者, 亦一例準其控訴焉。

各州、各郡亦各有該地方裁審院。但其等級較降一等, 而其所規制與此無異。此院只爲句管統審而已也。蓋其裁審之規, 該院派官外, 別有律師、議員、公員之三名目, 亦各有分掌。夫律師者, 深解法律學, 主理詞訟, 代官詰問者也。

議員、公員等以民間廉平公直者, 爲衆民所推特選, 分上下兩班, 每班各十二人。此係護民以察院官聽理之公私者也。上班卽議員, 一主議事, 參審於律師詰訟之際, 以議其法理之是非、可否。下班卽公員, 一主傍聽, 訟理以判曲直, 爲保證於訟民之得失、伸枉。

假如某甲與某乙爭訟, 某甲先赴律師控告其事, 律師聽之, 拘其被告之某乙。議員等來議, 若係不足裁審者退之, 果屬可審, 則上告于官, 官出席正中而坐, 律師詰問於甲乙兩民, 議員、公員等亦參聽。兩民中或有理直辭拙者, 公員或代陳之。律師詰畢得情, 遂告公員等曰: "某之罪係犯某律文某條法, 秉公定案。" 公員退去, 各書罪案, 上擬于官。官意與之相符則斷, 否則再審。斷案旣成, 移送于刑部, 自刑部遵照其法律, 定案而懲辦之。凡係犯案, 君民官吏視以一例, 雖時任大統領, 少不容貸。不以人廢法, 務盡公平也。

國務部

○ 國務部者, 所以輔佐大統領行政之首部。長官一人, 次官三人, 長官係是大統領簡選, 決議於元老院, 然後授任, 任期以四年爲限。次官以下屬員爲百餘人, 而此皆長官自辟, 稟告于大統領, 決議於元老院, 然後授職。而行政各部之官制與此一例也。

全國內立法、行政、司法等就稟於大統領, 則必經該部認準後, 自該部入稟。且大統領行政之務, 亦必由該部施行。各部官吏及派送各國公使、領事之文憑, 必自該部成給, 專管大統領印信、文簿等出納一切事務。且各國交涉、通商、派使、接使之權, 專由該部行之。故亞洲人譯言或文書部、或外務部, 蓋是一國之第一事務。

戶部

○ 戶部者, 專管一國內財用。凡係收入、費用之創革、增減者, 自元老、民選兩院查調核定, 而該部則只有其保存、出納之權。大統領以下各院、各部官吏之月俸, 每朔以望日、晦日分兩次頒給。每年出納財用, 均自當年七月初一日爲始, 至翌年六月三十日豫算決算, 而勘簿以較其出入之剩縮。

歲之恒入以各港稅爲第一, 恒出以行政費、海陸軍費爲第一。據查一千八百八十六年六月查勘者, 收入爲三億三千六百四十三萬九千七百二十七圓, 費用爲二億四千二百四十八萬三千一百三十八圓。

一千八百八十七年六月查勘, 收入爲三億七千一百四十萬三千二百七十七圓內, 各港稅二億一千七百二十八萬六千八百九十三圓, 國內各樣商業免許及銀行稅一億一千八百八十二萬三千三百九十一圓, 印紙利款三萬二千八百九十二圓, 地租及官有地賣價九百二十五萬四千二百八十九圓, 各樣雜稅二千六百萬五千八百十五圓也。

費用二億六千七百九十三萬二千一百八十圓內, 立法、行政、司法等費八千五百二十六萬四千八百二十五圓, 海軍費一千五百十四萬一千一百二十七圓, 陸軍費三千八百五十六萬一千二十六圓, 土番教育、保護等費六百十九萬四千五百二十三圓, 軍功人年例賞賜及養老、恤窮等費七千五百二萬九千一百二圓, 各樣雜款四千七百七十四萬一千五百七十七圓也。

　每年輸入較以費用, 恒有餘裕, 不下於幾千萬圓, 而此則儲之該部, 以爲償還國債。國債現今爲十億八千六百三十一萬五千八百六十二圓, 每年利子, 每圓下自三厘上至七厘。七厘是重利, 故近年先爲了償。現今只有三、四厘利款條, 而此皆二十餘年前南北美開仗時所負, 而伊時洽過二十餘億之多矣。距今數十年間, 次第償還, 殆過其半也。就其中六千四百六十二萬三千五百十二圓, 是太平洋鐵路會社債劵, 而利子以每年六厘例爲定, 若其鐵路之每歲輸入不足當利子, 則自政府捐金充補, 以償其額, 若又鐵路興旺, 過於六厘之利額, 則以償其債劵之本額也。

　其所謂國債者, 初無所負於外國, 而皆是國內商會、人民之債。自政府成給債劵, 商會、人民視其本額及利子之多寡, 或有轉相賣買, 每年取其利子, 便同我國之置莊收稅。人民每以此劵爲重寶, 願買而不易得也。

　且政府之每年償還利子, 均入於歲出之恒額。以外樣觀之, 雖有國債之名目, 詳究裏許, 不足稱債帳。故今年國會以爲每年恒入之額較剩於恒出, 方有內地各稅減額之論, 所以此國之富冠於天下也。

陸軍部

○ 陸軍部者, 專管戎政。其兵額、粮餉之增減事, 宜□自上下議院調整, 而該部官吏則協贊大統領☒□軍務之行政也。領兵之任, 自軍伍中計年較才, 拔萃置帥, 有大將、大尉、士官之職。

現今常備兵額, 騎兵十聯隊, 士官四百三十五人, 兵丁一萬九百四十九人內, 二聯隊是黑兵編伍者也。步兵二十五聯隊, 士官八百七十七人, 兵丁九千三百七十五人內, 二隊是黑兵編伍者也。砲兵五聯隊, 士官二百三十人, 兵丁二千四百九十人。其他巡徽兵六百, 管旗兵四百, 營造兵四百, 另餘丁八百三十六, 武備學徒三百十人, 此皆政府恒定之兵額。年限自十八歲至四十五歲, 俾無一卒老弱。分守於國內各鎭臺, 鎭臺各有天文臺、軍醫院, 而每日鍊操, 恒若對敵臨陣。華盛頓現備無過三百兵, 蓋政府設立之, 兵不欲夥多, 不得踰三萬。

而此外又有民兵者, 全國內人民各於該地方設立會社, 選民養兵, 自政府無頒餉, 只於每年一次☒操時, 給飯食而已。其所鍊習精銳, 與政府兵無差。統計一國太半是兵, 若當國家有亂, 同心共力, 以爲緩急之備。是所謂寓兵於民者也。

至若政府兵之月給金下自十三元, 入軍籍二年加一元, 隨年隨加, 上至三十元乃止。衣食等節, 自軍中辦給, 服役三十年, 滿限退伍, 雖在凡民之列, 終其身依例償月俸三十元。此蓋重兵優惠之意也。

海軍部

○ 海軍部者, 專管海軍事務. 官吏之辦理與陸軍部一例, 而另有總督統率之. 兵額多寡, 以軍艦計之, 全國內造船局爲十處. 現在一等船五隻, 二等船二十七隻, 三等船二十九隻, 四等船六隻, 均屬汽輪. 其餘木質帆船二十二隻, 鐵甲戰船二十四隻, 水雷砲船二隻, 少拖船約三十餘隻. 各有名號.

其容載則重者或三、四千噸, 輕者或四、五百噸, 其大砲則多至三四十位, 少不下十數位. 每船各有艦長一人, 以爲管領, 其次士官, 各有其職, 兵丁則多至四百人, 少至四十人, 或二百人、三百人不等, 而每一百人、一百五十人居多.

現在統計, 士官及機械手、水夫等諸員一千一百十一人, 海軍七千五百人, 別備軍二千二十八人. 有學校一處, 必先學習試才, 然後可以充募. 幷於各海道、各港口, 或遊巡、或泊守, 每日二次鍊習. 亦爲派送於通商各國之各港口, 保護其領事、公使, 以備不虞. 每以三年爲期, 輪回交替, 視其各國之大小强弱、商務之煩歇多少, 派以船號之等級. 而我國則每以二等船派送, 二等船兵額約爲三百餘人也.

內務部

○ 內務部者, 專管國內土地測量、戶口調查、里程計算、道路修築、工務勸獎、土番措劃等事務。凡係土地之已墾未墾, 均隸于此, 定其等級、劃其經界。人民之居其土、耕其地者, 若非該部文憑, 不許擅有。而戶口則自各該州郡每年調查, 滿十年自該部統調。里程則從某地至某地, 計其遠近, 每以五千二百八十英尺爲一里, 或成圖、或成表刊行, 使人民洞悉。道路則陸之鐵路、橋梁, 海之燈臺、浮標, 均爲測算, 而其費用[19]雖由戶部措辦, 其測算專隸該部句管也。

至於工匠[20]如有新品之製造, 可以發明於世界者, 則必以本品就試于該部, 該部特授專賣文憑, 定以年限, 不許他人倣樣私賣, 俾權其利, 民之趨利, 如水赴下。

凡有一人窮其心算, 極其術藝, 以造此物, 則又有一人創新別製, 精益求精, 務尙盡美。蓋該國才藝之日進, 機械之日蒸, 亦未嘗不由於該部勸獎之效。而該部多儲各工匠試驗之本品較之, 博物院有多無少, 均許人民隨時賞玩, 此亦恢擴見聞, 導開巧藝之意也。

---

[19] 대본에는 '▨' 으로 되어 있는데, 문맥을 살펴 '用' 으로 바로잡았다.
[20] 대본에는 '▨' 으로 되어 있는데, 문맥을 살펴 '匠' 으로 바로잡았다.

土番者, 卽野蠻部落, 而在昔僻處一隅, 不通外人, 不遵美政, 殺人而食, 鑿窖而居, 無文無衣, 不同人類。自該部加意措劃, 推誠優施, 或設校而敎導之, 或捐財而濟活之, 近年以來, 漸入彀中。有熟番、生番之稱。熟番者, 稍解人道, 漸爲歸化者也。生番者, 依舊不變者也。

遞信部

○ 遞信部者, 專管一國內傳信事務。分設郵局於各地方, 凡係公報、私函及官商等民人之互相往復者, 必由該部照檢查收。發着定有恒例, 每一書封, 量以重目, 國內則不計里程遠近, 均以每重半亞雲【洋音:아운】收稅鈔二錢, 一亞雲收稅鈔四錢。美之一亞雲, 可當我國藥稱七錢五分重矣。至於遞送外國者, 每半□□□□□□□□□□□鈔十錢, 較其量目, 隨重隨加。

又有受證稅之稱, 假如一人要其信傳必面遞于郵局, 原稅鈔外, 另辦十錢, 受其領受之證書。此外免稅葉書、帶書郵物等遞送之規, 其例不等, 而併刊刷印紙以代鈔額。

陸之汽車、海之蒸船, 雖有各該會社, 亦隸于該部, 以爲傳信之資用也。且電信各局亦爲該部所轄, 而國內則每以十句英話爲一音信, 而較其地方之遠近, 輸其稅額之多寡, 每以一百英里一音信, 定稅十錢。外國則每以一句英話爲一音信, 每句話毋得過十字碼, 若不成英話, 則每以三字碼做一音信, 較里程輸稅額。而郵電俱與歐、亞各國聯絡相接也。

查一千八百八十四五年間, 全國內遞信分局四萬八千餘處, 電線爲十六萬四千英里也。又有電話機, 設會社, 其聯絡爲九萬六千英里, 而均皆年增日添云。

美俗拾遺
미속습유

農務部

○ 農務部者, 雖是戶部管下, 其務劇煩, 亦置長官一人及次官、屬員等, 與各部一例。而凡係人民厚生、利用、農桑等事務, 均隸于該部。國內各土地品質之或墳或壤, 天下各穀種性理之宜濕宜燥, 考閱檢查, 先自該部蒐聚分類, 較其土質, 試其穀種。然後某種之宜於某土、幾日發苗、幾日長養等類, 另存記簿, 或以郵便廣告於人民, 或以新聞刊行於全國。若有某種之自外國始求者, 亦必先驗後乃廣施。是故, 人民爲農甚便, 取利滋益。

且非但穀種, 凡屬農業機器及菜果、蠶蠶、木綿、木材、金銀、煤礦、牛馬、犬羊、漁鹽等, 關於民生利益者, 莫不爲然。蓋該國之屢豐盈溢、蒸蒸日上者, 亦未嘗不由於該部之勸獎敎導也。

刑部

○ 刑部者, 專管警察、懲役等事務。凡屬違法、犯禁之譏詞、就捕者, 財産訟爭之人民控訴者, 摠由裁審院判決, 然後該部只遵斷案而施行也。

蓋該國律法, 初無杖刑、笞罰、徒流之目, 只有三等案。

一曰死刑, 罪犯之極重至大, 不可容貸者, 必用機械而片刻送命。二曰罰金, 隨其罪犯之輕重, 定其金額之多寡, 上自千圓下至五圓。三曰懲役, 若其罪犯人不能辦納罰金, 則隨其金額之多寡, 定其役限之遲速, 上自終身、或幾十年下至數三日, 各有分等。每日較其雇金, 除其盤費, 以充罰金, 金滿乃解。

大抵刑法者, 所以勸懲人民教導善良者也。若於懲治之際, 或致誤損人命, 則便以教導之道, 反禍人民, 而天理乖矣, 和氣損矣。

是故, 居處、飲食之節, 務極審愼, 獄舍幾千間通暢淨潔, 內設花園、運動場等處, 使罪囚隨暇洒暢, 只設防限, 使不得逃躱。且於獄內募置醫員, 多儲藥料, 以需救病之資, 古今書籍多般蒐集, 以供罪囚之役暇玩蹟。而男女異囚, 其役不同。且有婦女之充獄官者, 專管女囚。是以, 獄雖廣大, 而民猶爲小, 法雖繁多, 而民不爲苛也。

美俗拾遺
미속습유

奉敎

○ 奉敎以耶穌爲大宗, 其餘天主、猶太等歐洲所奉。各敎均許人民, 隨意自由, 但不甚夥數。查一千八百八十年, 全國內耶穌舊敎會堂五千九百七十五處, 耶穌新敎會堂八萬六千一百三十二處。

夫會堂者, 奉厥敎者成立會社, 株合錢貨, 構成貯翠堂【卽會堂也。洋音:져취】, 每於日曜日, 男女幾百人競赴該堂。有敎師幾人, 誦經演說, 使之屛息潛聽, 此皆勸懲導善之規也。

於敎育一事, 政府最爲用力, 上自都府下至州郡閭巷, 設立學校, 分大中小三等。男女始生六七歲, 纔解方言, 便入小學校, 限三年卒業, 受敎師證書, 然後許入中學校。又三年, 受卒業證書, 始入大學校, 限四年卒業。

第其學業均有課目, 曰天文, 曰地理, 曰物理, 曰師範, 曰政治, 曰醫業, 曰測籌, 曰農, 曰商, 曰工, 曰機械, 曰鑛務, 曰光, 曰化及海陸軍兵學、各國語學, 無學不備, 隨才藝各遵其願。雖工商小技, 若非大學校卒業證書, 人不信之, 而不得行于世。

最其政治, 是治民執法之重也。醫業是關人衛生之重也, 師範是敎人作師之重也。別有三課專門學校, 自大學校卒業, 又入于專門學, 三年受其證書後, 可以發明, 可以需用也。各地方均有學田, 以爲學校費款、敎師月俸等用備, 若有欠缺不足, 則必以該州地租中損補。

此皆政府所設也。

斯外又有義立、私立之別。私立者, 各該地人民株合錢貨, 構成教費, 均有附屬財貨, 每年抽利增取, 生徒月例金以補學費。其曰義立者, 其蓄財補費, 與私立一規, 而但係富人出義捐貨, 或一人、或數人獨立者也。全國內私立、義立等, 中學校爲一千五百八十八處, 大學校三百七十處, 而官立者不在此額。

每校教師, 或十人、或數十人, 生徒或一百人、或數百人不齊。按一千八百八十四年, 政府設立小學校費款爲一億六百六十一萬四千九百餘圓, 則其全國之銳意教育, 推可揣知。而統計人民男女之不學無識者, 不過爲二十分之一, 此係黑種之曾爲婢僕者及白種之由外國新寓者居多也。

農業

○ 農業, 冠於歐米各國。北土以大小麥、玉蜀、甘蔗爲最, 南土則米穀、豆菽爲最。查一千八百八十四年, 各耕地總計五億三千六百八萬一千八百三十五於乞, 穀産價額十一億八千五百餘萬圓, 煙草四千五百餘萬圓, 木綿、砂糖等價, 不在此額。

農業男七百十餘萬人, 女五十餘萬人, 均有農學肄業。其耕墾、播種、耨穫、收歛等事, 均用機械駕馬轉車, 不費人力, 收功倍多, 一夫耕作, 可供百人。每歲農産較以糧費, 恒有餘剩。

且美民所喫, 專以牛羊鷄豚等肉及牛乳爲宗, 次以果品補糧。故每年穀品之輸出各國甚繁, 歐米諸國多有賴活。雖以麥粉一物觀之, 每年海關出口價額, 不下於一億三千餘萬圓也。

蓄牧則本土舊無牛馬羊豕犬猫, 自歐羅巴傳來, 今則蹄角遍地。人民之以畜牧爲業者, 牛羊均以谷量之。查一千八百八十七年, 畜牧面積爲一百十六萬五千方英里, 牛四千五百五十一萬一千零頭, 馬一千二百十六萬二千零頭, 羊五千零三十六萬餘頭, 豕四千五百十四萬三千頭, 鷄犬亦甚繁盛。而每於都府大去處, 不喜畜犬, 恐其糞穢道路。若有樂而畜養者, 政府不甚苛禁, 但重稅額, 故自致罕少也。

工業

○ 工業亦有學術, 必有該校卒業證書, 然後始許製造。均有機械, 或火輪、或水輪、或自轉輪, 大小不等。奇巧俱著, 絨綿之縫織, 鐵鋼之鍊鍛, 穿鑛鑿道, 以至製紙、刷印之細事, 莫不用機, 省却人力。

全國內工作, 以匹羅達皮阿府爲最。每日製造物品價額, 恒不下百萬圓, 均有會社, 務極進步, 自政府銳意勸工。凡有一人造一物, 必記其姓名於其物, 不得用邪售欺。是故, 器用均極純質, 巧益求巧, 精益就精。

查一千八百八十年間, 木綿製造會社八百餘處, 鐵鋼製造會社千餘處, 木材會社二萬三千餘處。此外琉璃、磁器、石甎等各種製造, 不可勝錄。而年增歲加, 冠於世界。現今製造機工及開鑛, 男三百三十萬人, 女六十四萬餘人也。

商務

○ 商務爲該國大政。與萬國通貨, 船車相濟, 互資有無, 設置港口, 其最盛處爲七口。第一曰紐約, 與歐洲各國通商之要衝。故爲各港之首, 人民最殷, 物貨極富。其次曰匹羅達皮阿, 以製造擅名。其次曰寶須頓, 以舊日英國總督來駐之地。故設港稍久, 物品甚繁。其次曰詩可古, 曰烏河要, 曰曳沈於, 亦係大去處, 而是係內地人貿遷之地, 而外國人之來住者, 不若他港之多也。曰桑方港, 開設不久, 而係亞洲及南美各國來往之要口。故今雖不及於紐約, 而蒸蒸日進, 可知其興旺, 差過幾年, 不讓於紐約也。

與各國通商, 歐洲爲最, 而英國尤盛, 德、法、白耳義、俄羅斯、荷蘭等國次之。亞洲則淸國爲最, 日本次之。各港每年商船出入甚盛, 查一千八百八十五年, 入口船三萬二百四隻, 出口船三萬四百三十五隻內, 美國船出入各九千三四百隻, 其餘俱屬外國船也。

第其全國商船, 以一千八百八十七年調查者觀之, 汽輪船之在大西洋者二千六百九十三隻, 在太平洋者三百八十六隻, 在北湖者一千一百六十五隻, 在西河者一千一百五十七隻。風帆船之在大西洋者一萬四千四百八十九隻, 在太平洋者八百三十五隻, 在北湖者一千三百三十三隻, 在西河者只一隻。又小艇、漁舶共二千二十三隻。而商業男一百七十五萬餘人, 女六萬餘人。

各港進口貨品, 以砂糖、毛布、化學製品、甲斐、鐵鋼製品爲最, 出口貨品, 以小麥及小麥粉、牛肉、鷄卵、牛酪等食物爲最。查一千八百八十七年, 輸出原價六億六千五百九十六萬四千五百圓, 輸入原價六億三千五百四十三萬六千圓, 海關稅額二億一千七百二十八萬六千九百九十三圓。

蓋其課稅之規, 有天造、人造之分。凡係人造物, 均以重稅, 課於進口以抑之。蓋欲使國內人民, 製造自用, 不願外國物之消溺於內地。故人造物之出口貨, 則或輕稅、或無稅, 此所以國內製造日殷, 財貨日富者也。最其煙草、酒屬及紬緞、絨織等物, 或值百抽一百五十、抽二百, 此乃重課進口, 不禁其入, 而自禁者也。

今年民會時, 南黨議員發論進口各貨課稅太重, 欲減其額, 以便商務。北黨不可曰: "若輕減進口稅, 則外國各物源源而至, 價額稍廉, 國人樂於貿用, 不肯自製。民無自製, 甘於便逸, 差過幾年, 全無出口, 只有進口, 使金銀銅鐵等天産之貨, 掃而出外, 財源渴矣, 民生艱矣, 國必貧乏也。"衆議均同, 南黨之論竟不採焉。可見商務之不可不愼也。

交涉

○ 交涉, 專以誠心相待, 不飾邊幅, 立約各國, 互相派使, 以協敦誼。蓋其遣使、接使之禮節, 務從簡易, 不似亞歐各國之多節文、繁威儀也。現今遣使之國爲三十四國。而亞洲則朝鮮、淸國、日本、暹羅、波斯五國也。歐羅巴則曰英吉利, 曰佛蘭西, 曰德國, 曰俄羅斯, 曰伊太利, 曰澳地利, 曰比利時, 曰丁抹, 曰荷蘭, 曰普魯士, 曰葡萄牙, 曰老文尼亞幷希臘, 曰西班牙, 曰瑞典, 曰瑞士, 曰土耳其等十六國也。南美洲則曰亞然田, 曰玻理非, 曰巴西, 曰智利, 曰骨凜非阿, 曰海岱, 曰巴拉圭, 曰秘魯, 曰委內瑞拉等九國也。中美洲曰高時打利加。北美洲曰墨西哥。阿非里加洲曰那比利。亞大洋洲曰布哇等四國也。

來駐之各國使則爲三十二國。而亞洲則曰朝鮮, 曰淸國, 曰日本, 曰波斯四國也。歐洲則曰英吉利, 曰佛蘭西, 曰德國, 曰俄羅斯, 伊太利, 曰澳地利, 曰比利時, 曰丁抹, 曰荷蘭, 曰葡萄牙, 曰希臘, 曰西班牙, 曰瑞典, 曰瑞士, 曰土耳其十五國也。南美洲則曰亞然田, 曰巴西, 曰智利, 曰骨凜非阿, 曰秘魯, 曰委內瑞拉, 曰海岱, 曰伊果突, 曰加他馬羅等九國也。中美洲曰高時他利加。北美洲曰墨西哥, 曰利加乃古。大洋洲曰布哇等四國是也。

蓋其修交之國, 非止於此, 隨其事務之繁歇、商民之多寡, 或派全權, 或派三、四等公使, 其例不一。而又或有遣使, 而姑無來使之國, 又或有來使, 而姑無遣使之國。

　第查一千八百八十六年, 外交費用爲一百六十二萬三千一百七十七圓也。至於領事專爲通商事務代辦之職。故凡係各國開港之處, 隨其事務之繁簡, 分爲十等, 曰總領事兼理辦事大臣【兼充公使之職者】, 曰總領事, 曰副總領事, 曰委總領事, 曰正領事, 曰副領事, 曰委辦領事, 曰代理領事, 曰通商事, 曰副通商事是也。現今派送各國各港者, 恰過千餘員, 自各國來駐者, 亦不減其額也。

物産

○ 物産, 西方多五金、煤鉛, 南方多五穀、木綿, 至於煙、鹽、蔗果、玉蜀
等物, 無處無之, 而木材之産, 亦甚優多。大抵人民之生, 最以衣食爲
重。而美之民衣其羊綿毛絨, 食其肉酪菓蔬。故未嘗以旱澇爲災, 開
國幾百年, 不知饑荒之爲苦也。

地租

○ 地租, 田土、基址均視一規, 隨其形便, 定其等級。原值各有輕重多
寡之分, 若係人民稠叵物産興旺者爲上等, 而窮巷僻土創闢始墾之地
爲下等。計其原值, 定其租額, 每以原值百圓爲準, 下自二十五戔上
至一圓五十錢, 均屬該地方經費之資, 而如各港口、各都府繁盛處, 則
其租最重也。

錢幣

○ 錢幣之流行有五品, 曰金幣、銀幣、白銅幣、熟銅幣及紙幣也。金幣則上自二十元, 有十元, 有五元, 有三元, 有二元五十錢, 下至一元。銀幣則上自一元, 有五十錢, 有二十五錢, 有十錢, 下至五錢。白銅幣有五錢、三錢二種。熟銅錢則有二錢、一錢兩種。

較其量目, 金錢一元重, 以美國金秤爲二十五昆仁十分之八【以我國藥秤爲四分五里】, 準此乘加。假如十元爲二百五十八昆仁【我國秤四錢六分】, 二十元爲一亞雲三十六昆仁【我國秤九戔】。銀錢一元, 以美國金秤爲四百十二昆仁半【我國秤六錢四分】, 準此減除。假如十錢爲四十一昆仁十分之二之半【我國秤六分四里】。白銅錢五錢, 以美國常用秤爲六分亞雲之一【我國秤一錢二分五里】, 三錢亦較此減之。熟銅錢一錢, 以美國常用秤爲十分亞雲之一【我國秤七分五里】, 二錢較此倍之。

蓋其造錢之法, 金銀貨均以九分例爲準, 假如二十元金錢一枚, 一亞雲三十六昆仁, 其十分之九則用金, 十分之一則用銅錫和之, 銀錢亦倣此。蓋金銀之質, 原來多柔少剛, 故和銅錫而使堅梗者也。

錢體圓而無孔, 一面著明美國國紋【飛鷹之像】, 一面刻成人容, 卽所以重之寶之之義。匹羅達皮阿府有造幣廠, 專管金銀銅幣, 隸于戶部者也。

夫曰紙幣者, 下自一元, 有五元、十元, 上至二十元, 其流用與金銀貨一例無礙。又有幾千圓、幾萬圓紙幣, 而此則不爲恒用, 罕見於世。蓋紙幣之設, 嫌於金銀貨之太重, 而取其輕便者。故全國人民, 專以紙幣行用。但其造製之原額, 不得踰於金銀貨原額。

華盛頓有紙幣印刷廠, 每日刷出殆過幾萬圓。自該廠印出, 移送于戶部, 戶部再搨該部印信, 然後始可發行。凡有人民或以金銀貨請換紙幣, 或以紙幣請換金銀貨, 又或以舊幣請換新幣者, 並詣該部, 均任其意。大抵貨幣之通用, 專在於信之一字。故不信之地, 金銀如土糞, 深信之地, 一片薄紙反有重於千金也。

鑛務

○ 金銀、銅鐵、煤炭之礦, 隨處有之, 均許人民私自開採, 政府不管其利。若係官有地所存鑛處, 則不許人民私採, 必得政府認許, 然後定稅開採。而或十分之一, 或十分之二, 隨其地形之難易, 較其費用之多寡, 而定稅有等也。

銀行

○ 銀行者, 卽國人藏財之所也, 非政府認準, 不得擅立。凡有人民欲設銀行者, 必先以幾十、幾百萬圓, 任置於戶部, 聲明于政府, 政府刊播于新聞, 特許人民之認明相信, 然後人民等各以貨幣任置于銀行。

均以輕利取殖, 而該銀行則殖利較重, 出納替換之際, 俱有取利收剩。必設分行於本國各都府、各港口及天下通商之各國, 以便相應。或自此處交換于彼處, 則亦必有取殖者。

而一國鉅貨之出入, 專在於銀行。故銀行之興衰, 亦無不關於全國之貧富。或值銀行之衰敗, 損折本額, 則人民之當償者, 必自政府辦劃也。現今國內銀行, 洽過千餘。

會社

○ 會社者, 衆人會合成社者也。農商工藝之人, 有業必有社, 各辦錢
貨, 株合結社。全國人無人不社, 故衆心如城, 無敢相欺。甚至婦人、
孺子, 亦或有社。此所以民心和同, 國勢富强者歟!。

人民財貨

○ 人民財貨, 不肯儲藏于家。其家産什物, 亦必布列于客堂, 專尙誇眩。而至於錢幣, 則或任置於銀行, 或儲蓄于財部。該人生世, 隨意用之, 而不許子第之擅用。

其臨死時, 必以手書分排於子女, 任意增減。若無子有女, 則專屬于其女, 若無子無女, 則近自弟侄以至疏族親朋, 均許沾漑。而遇有此等事會, 必就法官, 折衷辦去。故法部另有民産判事一課, 而又或值族親、朋友之無可分給者, 則該銀行及財部, 必就法院判決, 屬于政府, 以助恤窮之費也。

善擧

○ 美俗有善擧焉。政府所設立者外, 人民或一人獨辦出義, 或幾人株合, 乃設養老院、救病院、幼兒院、啞聾院等, 均有貨幣之所附。

凡屬鰥寡孤獨四窮之民、疲病殘疾無告之氓, 均就該院而養之。其居處、衣服、飲食之節, 不讓於稍饒平常之人。上自京都, 下至鄉閭, 無處無之。此莫非政府之先行導率者, 則古聖所訓"一家仁, 一國興仁者", 豈非切當乎! 是故, 全國人民, 不爲不多, 而終不見丐乞之類也。

引水機

○ 美之各都府、各港口, 每在於平坦之野, 故泉井多不甚佳。且設有之, 家屋稠疊, 街曲相接, 恐致汚穢, 又不便宜於汲引。故別設機械於或江邊、或溪流活水甘淡處, 灌導于都府一隅, 鑿成深泉, 以鐵筧通流分派, 隱伏地中, 絡繹縱橫, 於全都之內, 家家戶戶用之不竭。廚房潔篘, 以至浴室盥盆、廁圊之處, 輒一廻機, 水湧如泉, 淨洗潔條, 一任便易。又於街道、花園之間, 種種有設機灌注處, 以便行人之隨意飲之, 雖牛馬之行路者, 亦皆從便而飲也。

救火機

○ 大都府家屋稠疊處, 必有救火會社, 此係政府所設也。均有水龍等機械, 假如一家有火燒, 輒以街鍾警之, 該會社恒時以機械駕馬以待, 誰無事之時常, 若有警聞鍾, 輒進不留晷刻, 直奔向前, 設機大街上, 導來水脈, 噴出如瀑雨, 火卽消滅。故罕見灰燼之災。

　而美之屋制, 均以石甎, 雖無延燒之患。但其起火, 每由於機器之廠, 石炭、石油等引火之物, 多儲其中, 氣焰之酷甚於硝藥, 而救火之機, 如彼其精。故美人不以火警爲憂也。蓋其用機汲水者, 專由火輪, 則此可曰以火滅火者歟!

器皿

○ 器皿專用砂磁及琉璃, 不尙鍮鐵, 務極淨潔, 便於洗滌。或有金銀器, 但不甚多, 惟富人用之也。

道路

○ 道路極其精潔, 均有定規, 每一街路, 輒設三條, 以磚石、甎甓等鋪之, 又或以石屑和油塗之【厚可四五寸, 或七八寸】, 旣完且固, 不使泥土露外。

正中一條, 闊可數十尺, 以便車輛馬畜之通衢, 左右兩條, 闊可四五尺, 以便人民步行之狹路。路之兩傍, 植以雜樹, 相間十許尺, 每當春夏之交, 綠葉滿柯, 濃陰冪地, 人行其間, 不知暑熱之苦。又於樹間種種豎燈竿, 用以煤氣, 黑夜通明, 如同白晝。且都府港曲之內, 導其川渠, 並用隱隩, 伏流地中。故雖瀑雨長霖, 霽卽乾淨, 不見汚穢泥濘之痕也。

車輛

○ 車輛不用人力, 遠則蒸氣、或電氣, 近則馬力, 車制旣堅且侈。街車外凡屬人家私辦者, 不甚寬大, 可容三四人, 或一二人, 另有御夫所坐處, 車屋開閉, 任人便宜, 飾之以緞綾, 牖之以琉璃, 跨其上與房子一般。或駕以一馬、雙馬, 而富人則或用四馬駕之。車飾以金銀, 煌煌眩目者, 居多也。是故, 西人每見東洋各國用人力擔牽者, 輒戚然曰"寧忍以人而騎人乎? 竊非所以天理、人情之當行。"云云也。

美俗拾遺
미속습유

鐵道

○ 鐵道之盛冠於地球萬國, 有公設、私設之分。公設者, 政府捐金辦設, 派員管理, 以收稅額也。私設者, 人民株合會社, 出財排設, 只有每年路稅之輸納政府也。自西曆一千八百三十年間始之, 距今五十八祀之間, 日加月增, 現在全國內各港口、各都府、大去就之地, 無處無之, 山嶽而穿穴, 江河而成橋。

統計鐵路為十二萬五千四百零英里, 私設者居多, 均用汽車, 通行每一人每一英里, 輸稅三錢【隨時增減, 不歸一例】, 其利較他最優。故民之趨利, 如水赴下。

現方蒸蒸日進, 而至於港口、都府內街曲之地, 亦種種設鐵路, 若以汽車相通, 恐有人民觸傷之嫌。故代之以馬力、或機轉, 此所謂街車也。每車可容數十人, 其值最廉, 不計遠近, 該都港內一騎, 只酬五錢, 往來甚便, 輒一出門, 隨意乘之。故罕見人民之徒行者也。

新聞紙

○ 新聞紙, 卽一國之大政, 而民社所設也。自政府特許其自由之權, 雖時原任大統領之善言、惡行, 無礙臚列。有事直書, 有聞必著, 少無忌諱包容之私。輒一著明, 萬目狼藉, 萬口傳播, 莫可掩護。故官民之畏憚, 甚於猛虎, 各自謹愼, 此亦勵俗之一助也。

蓋其新聞社之設規, 亦甚整肅。不敢以無憑虛罔之說, 刊諸其上。廣送訪事人於各地方及各國, 凡有所聞所見確實有據者, 近則奔來告知, 稍遠則以書通報, 又或以電相憑故。日日所刊, 無非新奇之論, 而於國內公私各事及外國事情, 昭晰畢著。人民俱有恢博見聞之效。

而若或有人民私自播傳之事, 必躬詣該社, 署名錄著, 不欲其渾淆謊雜之嫌, 而亦必有記錄稅也。全國內新聞會社隨處有之, 頗多可聞矣。

製造

○ 國內製造買賣之各樣物品, 均有稅額, 定規成例, 民莫敢違越。自政府刊出印紙, 紙上著明錢額, 以爲賣下。凡屬工商爲業者, 隨額買取, 以爲粘貼於該物。假如煙草一匣稅可十錢, 則必貼十錢印紙, 或有違法者, 不貼印紙, 而私自濫賣, 現發則施以逃稅之罰, 贖鍰最重。故已成俗尙, 不敢犯科。其印紙之搨刷, 自華盛頓紙幣廠管領, 而均隸戶部所轄也。

俗尙

○ 俗尙則男女之始生也, 父母必祝之曰: "永守自主之權." 乃命名, 名既定, 終身不改。男子二十二歲、女子十八歲, 始許自主之權, 然後男娶女嫁, 初無媒妁, 任其自意, 互合心悅, 然後乃告其父母。父母不得沮遏之, 亦不得勉强之。揀選吉日, 頒諸新聞, 詣敎師或政府及邑官, 告期請主婚。

乃於伊日, 男女提携, 同詣主婚者, 主婚者會集其婚者之親戚賓客, 以祝辭諭其夫婦曰: "爾等平生和順, 無得乖異." 語畢, 記存其事於簿籍, 授以文憑, 無納菜、奠鴈之儀, 仍做夫婦。於是, 男女各離其父母之家, 別營新居, 每一出門, 便相比肩, 不肯暫離。例不得置妾, 若或有置妾者, 其妻必就裁審院控訴, 施以重罰。

曰喪禮者, 先以淨水浴死者, 着以潔白之衣, 大布歛之入棺【富者用石, 其次用木。】, 停家二三日。葬埋之基, 內外以磚石圍之, 墳樣無突兀陡起之像, 只於其上立石碑, 書以亡者姓名及生死月日及其葬瘞之時。親友皆服黑色, 往會之。

蓋美俗以白爲正色, 各樣禮服均用純白。外他男女燕服, 或靑、或紅黃, 均任自意, 而獨喪服用純黑。主喪者及至親之有服制者, 皆用其黑, 別無隆殺之級。父母之喪, 或三年, 或一朞, 或七朔, 或不服, 均任自意, 無有定禮, 而初無祭祀等禮節也。

居處務極精潔, 屋制以石以甎堅築。或數三層, 或十餘層, 不齊, 並以白鐵覆蓋, 塗漆, 無簷端。用鐵筧引屋脊雨水, 入地中伏流通渠。每層用梯級相通, 內置房子, 有複道, 每日淨掃無點塵。每房各有板門、窓扇, 安以玻璃障之, 夏熱蔽窓迎風, 冬寒設爐生溫。各層必有圖室、浴室, 以鐵筧設機引水, 用之不竭。燈火不用油燭, 并以煤氣用筧導來, 水火均有會社輸稅。

最下層設板扉, 以通內外。無庭除隙地, 惟富家巨室留若干閒土, 以鐵杙繞成垣墻, 內植雜色花卉。室內鋪以花毯, 排列玩器, 坐必用椅, 宿必有床。一房不許數人同處, 惟夫婦外, 雖幼子稚女, 必使各房分住。

飲食尙甘醎, 每日三餐, 罕食米穀, 專以麥餅魚肉菓蔬爲尙。男女共一卓, 卓上鋪以白布, 日換務潔, 每人前設小砂盤、手巾各一及刀叉等諸器, 食物次第陳列, 定有時刻, 不肯違規。

男子則自幼稚時, 剪頭髮不留, 而髭鬚或存或斷, 隨意不等。女人則留髮不剪, 椎髻于顖門。

衣冠男女殊制, 有男冠, 有女冠, 夏製以草, 冬製以氈。女冠每以鳥羽及花卉之類, 種種抻之其上, 務尙華麗。男服用氈, 衫長不及膝, 褲狹僅容脚。女服多綾緞, 長裾曳地, 籠罩四圍, 行不見足。無論男女, 衣不寬闊, 皆緊纏貼身, 靴鞋皆用皮。

人民持性甚誠信, 技藝甚通敏, 有勤無怠, 不求安逸。凡遇一事, 各罄謀慮, 雖機械器用等, 若一始端, 必有終乃已。

該國卽合衆心成之, 權在民主者。故雖細氓小民, 視國事若自己, 盡心竭力, 靡不用極。且交友之道, 尊卑一例, 貴賤無別, 乃曰: "凡民有生, 各得自主。自主者, 天賦之同然, 而貴賤尊卑, 皆由外至。何可以外至者, 損其自主乎?"

　　處己務求正直, 接人雖極寬和, 而人有不義, 未嘗一毫容隱, 己無所失, 亦未嘗一毫見挫。至於交接之儀, 初無拜跪, 互以免冠握手爲禮, 女人則又加以親嘴。而女人之權, 重於男子。故每於會席及街路, 必讓而先之。

美俗拾遺
미속습유

曆法

○ 律度量衡四者, 有國之大政也。第觀其造曆之法, 以耶蘇降生爲紀年, 現今戊子【朝鮮開國四百九十七年, 淸國光緒十四年】爲西曆一千八百八十八年。

每年分十二月, 月有大小, 小月三十日, 大月三十一日。自正月至七月, 以陽月爲大, 自八月至十二月, 以陰月爲大。二月謂之平月, 卽二十八日也。統計一年, 爲三百六十五日, 自符於三百六十五度, 而積其零數四分度之一, 每間二年, 置一日之閏, 閏屬於二月, 而爲二十九日。日分七曜, 卽日月火水木金土也。日曜日則謂之禮拜日, 官商吏民男女, 均各休務, 競赴耶蘇學堂, 演講聽經也。

每日分二十四時, 晝夜各十二時, 自丑初至午正, 謂之晝十二時, 自未初至子正, 謂之夜十二時。時分四刻, 刻分十五分, 積六十分爲一時也。

尺度

○ 尺度之規, 以八索隱【分也。洋音:석은】爲一印取【寸也。洋音:인 취】, 每印取假量與人之中指中節相倣, 而以十二印取爲一寭【尺也。 洋音:尭】, 以三寭爲一野【洋音:야】, 每野假量爲我國針尺一尺七寸。 而緞紬等作疋者, 均以野度之, 其營造、量地等, 均以寭度之也。

稱衡

○ 稱衡有三等, 一曰金秤, 用於金銀珠貝等寶物, 以二十四튼仁【分也。洋音:끄린】爲一扁依威【戔也。洋音:편의윗】, 以二十扁依威作一亞雲【兩也。洋音:아운】, 以十二亞雲爲一背雲【斤也。洋音:바운】。每亞雲較我國藥秤, 爲八錢三分重。

二曰藥秤, 只用於藥料, 以二十튼仁爲一昔久婁弗【洋音:스쿠루풀】, 以三昔久婁弗爲一斗南【洋音:쭈람】, 以八斗南爲一亞雲。每亞雲較金秤相準, 而亦以十二亞雲爲一背雲。

三曰常用秤, 較金秤稍輕, 以十六斗南爲一亞雲。每亞雲較我國藥秤, 爲七錢五分重, 以十六亞雲爲一背雲, 以二十五背雲爲一久於他【洋音:구어타, 譯言四分之一】, 以四久於他爲百威毘【洋音:위잇, 卽稱也。以一背雲爲一稱則四倍, 二十五背雲爲一百威毘也。】, 以二十百威毘爲一噸【洋音:톤, 是論美衡定制。故雖有久於他、威毘之分, 其實以二千背雲爲一噸也。】, 用於銅鐵及牛馬豚羊等生物、米穀魚肉菜茶果品等食類買賣, 而郵便寄付之各樣物種及書籍之類, 亦用此衡也。

華盛頓京都

○ 華盛頓卽美之京都也。設都八十八年之間, 人民滋熄, 家屋漸繁, 現今人口, 殆過二十餘萬。而屋制均以甎甍, 或用磚石, 上自十餘層下至數三層, 其規不等, 琉窓鐵籬, 旣完且侈。

以英文二十六字定爲縱街之號, 以一二三四定爲橫街之號, 每戶必揭番號, 稱以某街某番, 便於編攷。且其街路井劃不紊, 已於築屋之先區劃街曲, 不許人民犯劃違制。故五劇三條十字雙街, 隨處一規, 通衢處往往有花園, 園內植以花卉樹木, 設置鐵椅, 以便人民休憩棲息。

每於街曲稍闊處, 有鐵馬以石將軍具戎服跨之, 乃是美國之有戰功人想像之意也。非獨華盛頓然也, 凡屬各都府、各港口, 到處均同。

而華盛頓處在廣漠之野, 無一高山, 只見平岡殘麓, 廻縈拱抱, 於東西北三面, 有一帶淸江, 襟廻于南, 水不甚淺, 能容汽船, 岸不甚闊, 均用橋梁。凡屬都內川渠之水, 均使伏流地中, 導入于江矣。

美俗拾遺
미속습유

찾아보기